educamos·sm

Caro aluno, seja bem-vindo à sua plataforma do conhecimento!

A partir de agora, você tem à sua disposição uma plataforma que reúne, em um só lugar, recursos educacionais digitais que complementam os livros impressos e são desenvolvidos especialmente para auxiliar você em seus estudos. Veja como é fácil e rápido acessar os recursos deste projeto.

1 Faça a ativação dos códigos dos seus livros.

Se você NÃO tiver cadastro na plataforma:
- Para acessar os recursos digitais, você precisa estar cadastrado na plataforma educamos.sm. Em seu computador, acesse o endereço <br.educamos.sm>.
- No canto superior direito, clique em "**Primeiro acesso? Clique aqui**". Para iniciar o cadastro, insira o código indicado abaixo.
- Depois de incluir todos os códigos, clique em "**Registrar-se**" e, em seguida, preencha o formulário para concluir esta etapa.

Se você JÁ fez cadastro na plataforma:
- Em seu computador, acesse a plataforma e faça o *login* no canto superior direito.
- Em seguida, você visualizará os livros que já estão ativados em seu perfil. Clique no botão "**Adicionar livro**" e insira o código abaixo.

Este é o seu código de ativação! →

DDGC3-D

CB037867

2 Acesse os recursos.

Usando um computador

Acesse o endereço <br.educamos.sm> e faça o *login* no canto superior direito. Nessa página, você visualizará todos os seus livros cadastrados. Para acessar o livro desejado, basta clicar na sua capa.

Usando um dispositivo móvel

Instale o aplicativo **educamos.sm**, que está disponível gratuitamente na loja de aplicativos do dispositivo. Utilize o mesmo *login* e a mesma senha da plataforma para acessar o aplicativo.

Importante! Não se esqueça de sempre cadastrar seus livros da SM em seu perfil. Assim, você garante a visualização dos seus conteúdos, seja no computador, seja no dispositivo móvel. Em caso de dúvida, entre em contato com nosso canal de atendimento pelo **telefone 0800 72 54876** ou pelo *e-mail* atendimento@grupo-sm.com.
190987_993

CONVERGÊNCIAS
História 9

Caroline Torres Minorelli
- Bacharela e licenciada em História pela Universidade Estadual de Londrina (UEL-PR).
- Especialista em História e Teorias da Arte: Modernidade e Pós-Modernidade pela UEL-PR.
- Atuou como professora da rede pública de Ensino Fundamental e Ensino Médio.
- Autora de livros didáticos para o Ensino Fundamental.

Charles Hokiti Fukushigue Chiba
- Bacharel e licenciado em História pela Universidade Estadual de Londrina (UEL-PR).
- Especialista em História Social e Ensino de História pela UEL-PR.
- Professor das redes pública e particular de Ensino Fundamental, Ensino Médio e Ensino Superior.
- Autor de livros didáticos para o Ensino Fundamental.

Convergências – História – 9
© Edições SM Ltda.
Todos os direitos reservados

Direção editorial	M. Esther Nejm
Gerência editorial	Cláudia Carvalho Neves
Gerência de *design* e produção	André Monteiro
Edição executiva	Valéria Vaz
Coordenação de *design*	Gilciane Munhoz
Coordenação de arte	Melissa Steiner Rocha Antunes
Assistência de arte	Juliana Cristina Silva Cavalli
Coordenação de iconografia	Josiane Laurentino
Coordenação de preparação e revisão	Cláudia Rodrigues do Espírito Santo
Suporte editorial	Alzira Ap. Bertholim Meana
Projeto e produção editorial	Scriba Soluções Editoriais
Edição	Ana Flávia Dias Zammataro, Alexandre de Paula Gomes
Assistência editorial	Natalia Figueiredo Cirino de Moura
Revisão e preparação	Felipe Santos de Torre, Joyce Graciele Freitas
Projeto gráfico	Dayane Barbieri, Marcela Pialarissi
Capa	João Brito e Tiago Stéfano sobre ilustração de Estevan Silveira
Edição de arte	Cynthia Sekiguchi
Pesquisa iconográfica	Tulio Sanches Esteves Pinto
Tratamento de imagem	Equipe Scriba
Editoração eletrônica	Adenilda Alves de França Pucca (coord.)
Pré-impressão	Américo Jesus
Fabricação	Alexander Maeda
Impressão	Forma Certa Gráfica Digital

Dados Internacionais de Catalogação na Publicação (CIP)
(Câmara Brasileira do Livro, SP, Brasil)

Minorelli, Caroline Torres
 Convergências história : ensino fundamental : anos finais : 9º ano / Caroline Torres Minorelli, Charles Hokiti Fukushigue Chiba. -- 2. ed. -- São Paulo : Edições SM, 2018.

 Bibliografia.
 ISBN 978-85-418-2156-8 (aluno)
 ISBN 978-85-418-2160-5 (professor)

 1. História (Ensino fundamental) I. Chiba, Charles Hokiti Fukushigue. II. Título.

18-20889	CDD-372.89

Índices para catálogo sistemático:

1. História : Ensino fundamental 372.89
Maria Alice Ferreira - Bibliotecária - CRB-8/7964

2ª edição, 2018
3ª impressão, Março 2024

SM Educação
Rua Tenente Lycurgo Lopes da Cruz, 55
Água Branca 05036-120 São Paulo SP Brasil
Tel. 11 2111-7400
atendimento@grupo-sm.com
www.grupo-sm.com/br

Cara aluna, caro aluno,

Tudo o que conhecemos tem história: as construções, os aparelhos que utilizamos no dia a dia, nossos direitos e deveres, nossos hábitos e costumes, nossos valores, nossas famílias, as outras pessoas, entre outros exemplos.

A História existe para nos auxiliar a compreender, por exemplo, como o mundo atual se formou e quais são os nossos vínculos com os nossos antepassados. Dessa maneira, podemos entender as mudanças e as permanências que ocorreram na nossa sociedade ao longo do tempo, nos ajudando a fazer escolhas mais conscientes para a construção de um futuro melhor.

Portanto, esta coleção foi produzida para auxiliar você no estudo da História. Nela, você vai encontrar uma grande variedade de imagens, textos, atividades e outros recursos que o ajudarão a descobrir mais sobre nós, seres humanos, e sobre nossas relações com o tempo passado, presente e futuro.

Bom ano e bons estudos!

Raul Aguiar

Conheça seu livro

Esta coleção apresenta assuntos interessantes e atuais, que o auxiliarão a desenvolver autonomia, criticidade, entre outras habilidades e competências importantes para a sua aprendizagem.

Abertura de unidade

Essas páginas marcam o início de uma nova unidade. Elas apresentam uma imagem instigante, que se relaciona aos assuntos da unidade. Conheça os capítulos que você irá estudar e participe da conversa proposta pelo professor.

Iniciando rota

Ao responder a essas questões, você vai saber mais sobre a imagem de abertura, relembrar os conhecimentos que já tem sobre o tema apresentado e se sentir estimulado a aprofundar-se nos assuntos da unidade.

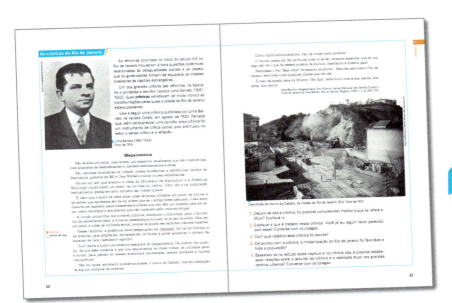

Boxe informativo

Esse boxe apresenta temas atuais e informações que ampliam o assunto estudado.

Para investigar

Nessa seção, você vai ler e analisar, com o auxílio de um roteiro, diferentes fontes históricas, como documentos pessoais, trechos de cartas e diários, entre outras. A análise de fontes históricas pode revelar informações sobre o passado e auxiliar na compreensão do presente.

Boxe complementar

Esse boxe apresenta assuntos que complementam o tema estudado.

Vocabulário

Algumas palavras menos conhecidas terão seus significados apresentados na página, para que você se familiarize com elas. Essas palavras estarão destacadas no texto.

Atividades

Nessa seção, são propostas atividades que irão auxiliá-lo a refletir, a organizar os conhecimentos e a conectar ideias.

Ícone pesquisa

Esse ícone marca as atividades em que você deverá fazer uma pesquisa.

Ícone em grupo

Esse ícone marca as atividades que serão realizadas em duplas ou em grupos.

Ícone digital

Esse ícone remete a um objeto educacional digital.

Verificando rota

Aqui você terá a oportunidade de avaliar sua aprendizagem por meio de perguntas que o farão refletir sobre os conhecimentos que você tinha antes de iniciar os estudos, comparando-os com o aprendizado adquirido ao longo da unidade.

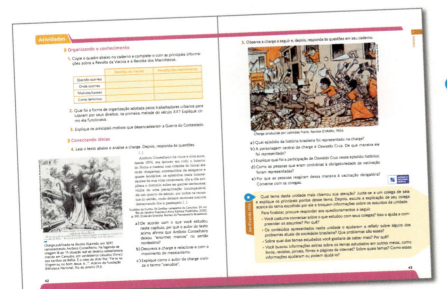

Ampliando fronteiras

Nessa seção, você encontrará informações que o levarão a refletir criticamente sobre assuntos relevantes e a estabelecer relações entre diversos temas ou conteúdos. Os assuntos são propostos com base em temas contemporâneos, que contribuem para a sua formação cidadã e podem ser relacionados a outros componentes curriculares.

▶ Aprenda mais

Aproveite as sugestões de livros, filmes, *sites*, vídeos e dicas de visitas para aprender um pouco mais sobre o conteúdo estudado. Essas sugestões aparecerão ao final de cada um dos volumes.

Sumário

UNIDADE 1 — O Brasil República 12

CAPÍTULO 1
Os primeiros anos da República 14

A Proclamação da República 14

As reformas urbanas no Rio de Janeiro 20

Viver com dignidade 24

Cotidiano e cultura: esperança de tempos melhores 26

▶ **Atividades** 30

CAPÍTULO 2
Movimentos sociais e resistências 32

Mobilizações nas cidades 32

Mobilizações no campo 38

▶ **Atividades** 42

▶ **Verificando rota** 43

▶ **Ampliando fronteiras** Futebol e racismo 44

UNIDADE 2 — O mundo em conflito 46

CAPÍTULO 3
A Primeira Guerra Mundial 48

O imperialismo e as tensões nacionalistas 48

O estopim da Primeira Guerra Mundial 49

Os relatos da guerra 53

O uso da tecnologia e a indústria da guerra 54

Os Estados Unidos entram na guerra 56

A participação do Brasil 56

O fim da guerra 57

▶ **Atividades** 60

CAPÍTULO 4
A Revolução Russa 62

A Rússia no início do século XX 62

A Revolução Socialista na Rússia 64

▶ **Atividades** 70

▶ **Verificando rota** 71

▶ **Ampliando fronteiras** "Pinturas proletárias": a arte a serviço do Estado 72

Popperfoto/Getty Images

UNIDADE 3

O totalitarismo e a Segunda Guerra Mundial 74

CAPÍTULO 5

O período entreguerras 76
Os Estados Unidos e o consumo em massa 76
Consumo e consumismo na atualidade 77
A crise de 1929 79
A Grande Depressão 80
A ascensão dos regimes totalitários na Europa ... 81
A Guerra Civil espanhola 84
▶ **Atividades** 86

CAPÍTULO 6

A Segunda Guerra Mundial 88
A expansão nazista e o caminho para a guerra ... 88
A "Nova Ordem" nazista 90
▶ **Para investigar**
Diários de guerra 94
A ofensiva aliada 96
O fim das agressões na Europa 97
O terror atômico 98
Depois da guerra 100
▶ **Atividades** 101
▶ **Verificando rota** 103
▶ **Ampliando fronteiras**
Em defesa dos direitos humanos 104

UNIDADE 4

Autoritarismo e democracia no Brasil 106

CAPÍTULO 7

O governo Vargas 106
Mudanças políticas e econômicas no Brasil 108
Partidos e movimentos políticos no Brasil 111
O Estado Novo 112
▶ **Para investigar**
As charges no governo Vargas 114
O Brasil e a Segunda Guerra Mundial 117
▶ **Atividades** 119

CAPÍTULO 8

A democracia no Brasil 121
As eleições de 1945 para a presidência da República 121
Vargas de volta ao poder 122
O governo de Juscelino Kubitschek 124
Cultura e sociedade 127
A democracia sob pressão 129
O fim do governo Jango 130
▶ **Atividades** 132
▶ **Verificando rota** 133
▶ **Ampliando fronteiras**
O respeito à cultura nordestina 134

UNIDADE 5 — A divisão do mundo na Guerra Fria — **136**

CAPÍTULO 9 — **Tensões e conflitos da Guerra Fria** — 138
O mundo depois da Segunda Guerra Mundial — 138
As rivalidades da Guerra Fria — 140
A expansão do comunismo — 142
Movimentos de contracultura — 145
Movimento negro e a luta por direitos civis — 146
▌ **Atividades** — 148

CAPÍTULO 10 — **Conflitos entre judeus e palestinos** — 150
A Palestina — 150
A fundação de Israel — 151
As guerras árabe-israelenses — 151
Diálogos para a paz — 155
▌ **Atividades** — 157

CAPÍTULO 11 — **Independências na África e na Ásia** — 158
A independência na Índia — 158
Os processos de independência na África — 160
O *apartheid* na África do Sul — 162
▌ **Atividades** — 166
▌ **Verificando rota** — 167
▌ **Ampliando fronteiras**
O *provos* de Amsterdã — 168

UNIDADE 6 — Os governos militares no Brasil — **170**

CAPÍTULO 12 — **O regime militar no Brasil** — 172
As reações ao golpe de 1964 — 172
A consolidação do regime militar — 174
Os "anos de chumbo" no Brasil — 178
O "milagre econômico" — 181
▌ **Para investigar**
O antes e o depois da censura — 184
▌ **Atividades** — 186

CAPÍTULO 13 — **A resistência contra a ditadura** — 188
Mobilização social — 188
A resistência indígena na ditadura — 190
A resistência negra — 191
Produção cultural brasileira e resistência — 192
Abertura política — 194
▌ **Atividades** — 198
▌ **Verificando rota** — 199
▌ **Ampliando fronteiras**
A imprensa alternativa no Brasil — 200

Walter Dhladhla/AFP Photo

UNIDADE 7 — O Brasil e o mundo contemporâneo — 202

CAPÍTULO 14 — A Nova República — 204
Rumo à democracia — 204

Eleições diretas após a ditadura — 206

O começo do século XXI e as expectativas de mudanças no país — 209

❙ Atividades — 214

CAPÍTULO 15 — O mundo contemporâneo — 216
A União Soviética — 216

O fim dos regimes socialistas na Europa Oriental — 218

O mundo após a Guerra Fria — 219

O mundo globalizado — 220

O terror global — 224

A União Europeia — 226

A América Latina no século XXI — 228

❙ Atividades — 231

❙ Verificando rota — 233

❙ Ampliando fronteiras
Refugiados e deslocados internos — 234

UNIDADE 8 — Os desafios do mundo contemporâneo — 236

CAPÍTULO 16 — Por um futuro melhor — 238
As desigualdades no Brasil — 238

Preconceito e intolerância — 240

A luta dos povos indígenas — 244

A luta dos quilombolas — 246

❙ Para investigar
As tiras e os debates da atualidade — 248

❙ Atividades — 250

CAPÍTULO 17 — Meio ambiente, qualidade de vida e sustentabilidade — 252
O aquecimento global — 252

A produção de resíduos — 253

A alimentação e a produção de alimentos — 254

A expansão da fronteira agrícola — 255

O uso de agrotóxicos — 256

Saúde — 257

Os espaços públicos — 260

❙ Atividades — 264

❙ Verificando rota — 265

❙ Ampliando fronteiras
Indígenas e sustentabilidade — 266

❙ Aprenda mais — 268
❙ Referências bibliográficas — 271

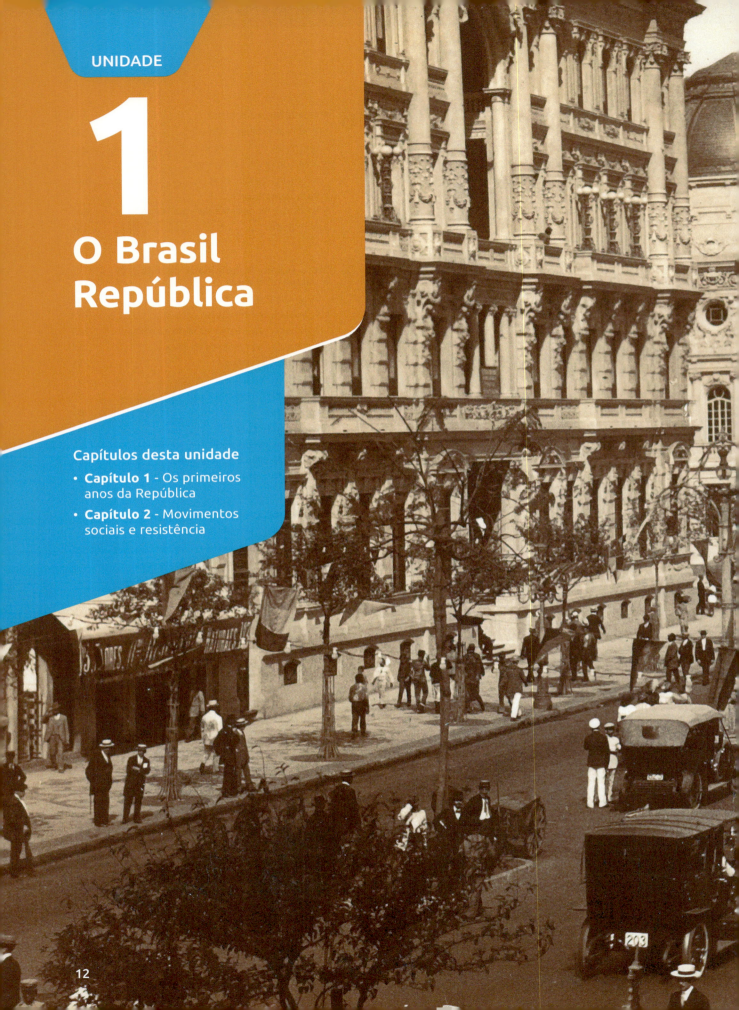

UNIDADE

1
O Brasil República

Capítulos desta unidade
- **Capítulo 1** - Os primeiros anos da República
- **Capítulo 2** - Movimentos sociais e resistência

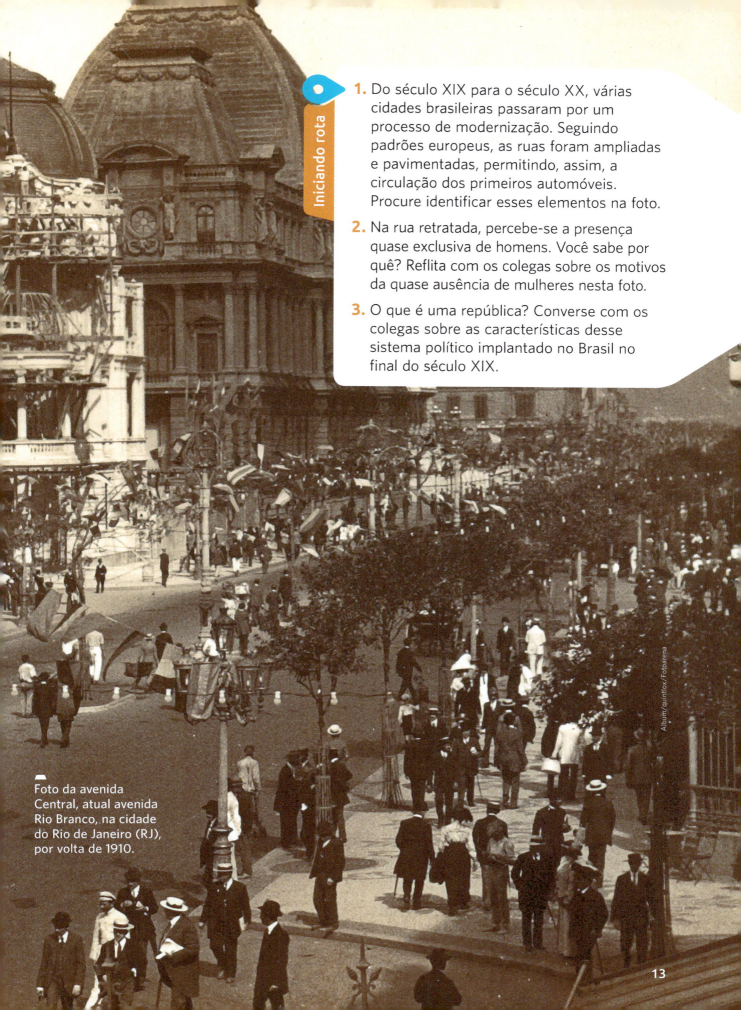

Iniciando rota

1. Do século XIX para o século XX, várias cidades brasileiras passaram por um processo de modernização. Seguindo padrões europeus, as ruas foram ampliadas e pavimentadas, permitindo, assim, a circulação dos primeiros automóveis. Procure identificar esses elementos na foto.

2. Na rua retratada, percebe-se a presença quase exclusiva de homens. Você sabe por quê? Reflita com os colegas sobre os motivos da quase ausência de mulheres nesta foto.

3. O que é uma república? Converse com os colegas sobre as características desse sistema político implantado no Brasil no final do século XIX.

Foto da avenida Central, atual avenida Rio Branco, na cidade do Rio de Janeiro (RJ), por volta de 1910.

CAPÍTULO 1

Os primeiros anos da República

Desde o final do século XIX, uma série de fatores — políticos, econômicos, sociais e culturais — acarretou grandes transformações na sociedade brasileira. Um desses fatores foi a expansão da cafeicultura no Brasil. Nessa época, o café tornou-se o principal produto de exportação do país, o que favoreceu a formação de uma oligarquia cafeeira no atual Sudeste do Brasil.

A Proclamação da República

Nesse período, os grandes cafeicultores buscavam maior participação política e estavam insatisfeitos com o governo monárquico. Eles criticavam abertamente o imperador dom Pedro II e defendiam a implantação de uma república no Brasil.

Além disso, com a participação do Brasil na Guerra do Paraguai (1864-1870), o país ficou endividado, e o governo foi obrigado a tomar empréstimos estrangeiros, o que gerou um aumento dos impostos. Os militares, porém, saíram da guerra com grande prestígio e também passaram a exigir maior participação política.

Assim, com o apoio da oligarquia cafeeira, o marechal Deodoro da Fonseca liderou os militares e, no dia 15 de novembro de 1889, proclamou a República no Brasil. O país, então, passou a ser governado por um presidente e não mais por um imperador.

Oligarquia: nesse sentido, pequeno grupo de pessoas que detêm grande poder econômico e exerce forte influência no governo para defender seus próprios interesses.

República: forma de governo em que o poder político é exercido por tempo limitado por representantes eleitos pelos cidadãos.

Reprodução do jornal *Correio do Povo*, de 16 de novembro de 1889, anunciando a Proclamação da República.

Benedito Calixto. *Proclamação da República*, 1893. Óleo sobre tela. Pinacoteca do Estado de São Paulo.

14

A consolidação do poder republicano

Após a Proclamação da República, foi instituído um **governo provisório** (1889-1891) sob a liderança de Deodoro da Fonseca. Esse governo provisório tinha como objetivos consolidar o sistema republicano, realizar eleições para presidente da República e convocar uma Assembleia Constituinte para elaborar uma nova Constituição.

> **Principais características da Constituição de 1891**
>
> A primeira **Constituição republicana** foi promulgada em 24 de fevereiro de 1891 e, entre diversas leis, garantia:
> - maior autonomia às províncias, que passaram a se chamar estados;
> - o sistema presidencialista de governo;
> - a divisão dos poderes: Executivo, Legislativo e Judiciário;
> - o direito de voto aos cidadãos brasileiros maiores de 21 anos. No entanto, mulheres, analfabetos, pessoas em situação de rua e soldados não podiam votar;
> - a separação entre a Igreja e o Estado.

O jogo de poderes

Os protagonistas do processo que levou à Proclamação da República não formavam um grupo coeso. Os militares e os políticos, divididos ideologicamente entre **liberais** e **positivistas**, tinham visões opostas de como organizar o poder.

No processo de consolidação do poder, dois modelos políticos se confrontaram. Os adeptos do modelo liberal, que esteve na base da Constituição aprovada, desejavam consolidar uma República federativa, em que os estados teriam maior autonomia. Já os que seguiam o modelo positivista, cuja maioria era de militares, defendiam um tipo de governo centralizado e ligado às ideias de modernização e de desenvolvimento.

> **Estado:** nesse sentido, refere-se à instituição política que administra e governa uma nação.
> **Ideologia:** conjunto de ideias ou valores referente a um indivíduo ou grupo.
> **República federativa:** é um modelo de Estado cuja nação é composta de diversos territórios autônomos (com suas próprias leis e governo), porém subordinados ao Estado.

Charge de Angelo Agostini publicada na *Revista Illustrada*, em 1890, representando a "Pátria" recebendo de Deodoro da Fonseca a Constituição. Acervo da Fundação Biblioteca Nacional, Rio de Janeiro (RJ).

Democracia para quem?

Embora a nova Constituição Federal tivesse características mais democráticas em relação à anterior, na prática, ela garantiu o fortalecimento das oligarquias estaduais. Isso ocorreu porque, ao conceder maior autonomia aos estados, o governo de cada um deles passou a estabelecer suas próprias políticas de cobrança de impostos e suas próprias leis, desde que subordinada à Constituição. Assim, as elites oligárquicas passaram a ter maior liberdade para fazer uso do governo estadual em benefício próprio, ampliando ainda mais seu poder político e seu domínio econômico.

Membro da oligarquia paulista em automóvel, no interior do estado de São Paulo, acompanhado de um padre e de um policial. Foto de 1903.

O direito das minorias

A Constituição de 1891 garantia o direito de voto a todos os cidadãos brasileiros maiores de 21 anos, porém mulheres, analfabetos, pessoas em situação de rua e soldados continuavam não podendo votar. O fato de o voto não ser secreto também prejudicava a democracia, pois, assim, os votos eram facilmente manipulados durante as eleições. Muitas pessoas vendiam seus votos ou eram forçadas a votar em determinados candidatos sob ameaça.

Com relação aos direitos indígenas, não houve avanços na nova Constituição, somente foram reafirmadas as legislações já existentes, como a Lei Imperial n. 601, que, desde 1850, dava ao governo o direito de usar terras desabilitadas "para a colonização dos indígenas".

Com relação aos afrodescendentes, não foram apresentadas leis que contribuíssem para amenizar os problemas que os recém-libertos passaram a enfrentar após a abolição da escravidão. Desamparados, nenhuma política foi criada para garantir sua participação e seu bem-estar social no novo sistema republicano.

Muitos ex-escravizados continuaram a lutar para conseguir viver de forma digna e livre no início do século XX. Foto de ex-escravizados na cidade de Porto Alegre (RS), em cerca de 1900.

A primeira eleição presidencial

A primeira eleição presidencial foi feita excepcionalmente pelos membros do Congresso formado em 1890. Sendo assim, o primeiro presidente da República, Deodoro da Fonseca, não foi eleito pelo voto direto e popular.

Ao assumir o cargo, Deodoro da Fonseca passou a enfrentar forte resistência dos membros do Congresso, que criticavam duramente o seu conservadorismo e a centralização do poder em suas mãos.

Na tentativa de manter-se no poder, ele dissolveu o Congresso em 3 de novembro de 1891, fato que acarretou muitas reações, como greves e uma revolta militar na Marinha. Impopular e sem apoio político, Deodoro renunciou vinte dias depois da dissolução do Congresso. O vice-presidente, o marechal Floriano Peixoto, assumiu, então, o poder.

Charge de Angelo Agostini publicada na *Revista Illustrada*, em 1890, satirizando a maneira como Deodoro da Fonseca enfrentou os problemas de sua gestão. Acervo da Fundação Biblioteca Nacional, Rio de Janeiro (RJ).

O positivismo no Brasil

O positivismo foi um movimento filosófico que surgiu na Europa no começo do século XIX. O principal pensador positivista foi o filósofo francês Auguste Comte (1798-1857).

Comte afirmava que o verdadeiro conhecimento só poderia ser obtido por meios científicos. Por isso, o positivismo valorizava o pensamento racional, menosprezando questões subjetivas ou religiosas.

No Brasil, diversos políticos e militares seguiram a ideologia positivista e seus ideais de "ordem e progresso". Desse modo, muitos princípios do positivismo influenciaram na organização do Estado republicano, como a separação entre a Igreja e o Estado, a garantia da liberdade religiosa e a instituição do casamento civil.

A influência do positivismo pode ser percebida também na frase "Ordem e progresso" que aparece na bandeira do Brasil, criada e instituída após a Proclamação da República.

O poder das oligarquias

Floriano Peixoto governou de maneira autoritária, contrariando todas as forças políticas dos diferentes grupos no poder, principalmente dos liberais. Ele depôs governadores, suprimiu duramente revoltas civis e militares e adotou medidas rígidas para combater a crise econômica vigente.

No final do mandato de Floriano Peixoto, o civil Prudente de Morais assumiu a presidência, dando início, em 1894, ao período histórico que ficou tradicionalmente conhecido como **República Oligárquica**, quando o Brasil foi governado por presidentes civis que eram aliados às oligarquias latifundiárias.

Essas oligarquias tinham grande poder econômico e político e, naquela época, influenciavam na escolha dos presidentes da República.

A política dos governadores

Para estabelecer um equilíbrio entre as forças políticas regionais e o poder federal, o presidente Campos Sales, eleito em 1898, comprometeu-se a apoiar as oligarquias, favorecendo-as e mantendo seus privilégios, desde que os governadores dos estados garantissem apoio ao presidente da República e a suas decisões políticas. Assim, foi estabelecida a política dos governadores, um acordo entre as oligarquias, os governadores dos estados e o poder federal.

Durante a República Oligárquica, o café era o principal produto agrícola cultivado nos latifúndios. Nesta foto, de 1902, vemos imigrantes italianos trabalhando em um cafezal no interior do estado de São Paulo e sendo inspecionados pelo latifundiário (que aparece de costas e com botas de cano alto, na próxima página).

A política do café com leite

Muitos governadores tinham o apoio dos grandes proprietários de terras, membros da oligarquia latifundiária. Também conhecidos como "coronéis", esses latifundiários exerciam considerável poder e influência regional.

Durante as eleições, os coronéis manipulavam os resultados praticando o chamado **voto de cabresto**. Naquela época, o voto não era secreto e, por isso, era comum que os eleitores votassem nos candidatos indicados pelos coronéis para evitar represálias e também em troca de favores pessoais.

Charge de Alfredo Storni publicada na revista *Careta*, em 1927, ironizando o voto de cabresto. Acervo da Fundação Biblioteca Nacional, Rio de Janeiro (RJ).

A força política dos coronéis garantia a manutenção no poder dos representantes das principais oligarquias brasileiras.

Os estados de São Paulo e de Minas Gerais eram os mais ricos e populosos do Brasil na época. Os paulistas detinham o centro da produção cafeeira; já os mineiros, além de cafeicultores, eram grandes produtores de leite. Para garantir os interesses das oligarquias, foi estabelecida uma aliança entre o governo federal e os representantes desses dois estados, a qual ficou conhecida como **política do café com leite** (café para se referir aos paulistas e leite, aos mineiros). Com essa aliança, políticos mineiros e paulistas sucediam-se na presidência da República até o final da década de 1920.

As reformas urbanas no Rio de Janeiro

Na passagem do século XIX para o XX, houve grande crescimento da população urbana no Brasil. Esse crescimento, no entanto, não foi acompanhado de investimentos em infraestrutura. Desse modo, a precariedade nas condições de vida favoreceu o aumento no número de epidemias e nos índices de criminalidade.

Na metade do século XIX, a cidade era considerada uma das mais insalubres do mundo. Essa situação prejudicava as iniciativas comerciais e a entrada de investimentos estrangeiros. Assim, o governo planejou uma reforma que envolvia várias obras públicas, com o objetivo de modernizar e de revitalizar a cidade do Rio de Janeiro, que era capital do Brasil desde 1763.

> **Insalubre:** que prejudica a saúde, que pode causar doenças.
>
> **Cortiço:** habitação coletiva na qual diversas famílias dividem os cômodos.

O Bota-Abaixo

Em 1902, Rodrigues Alves foi eleito presidente do Brasil. Nesse mesmo ano, foi realizada uma série de reformas no Rio de Janeiro, começando pelo porto da cidade, o ponto de chegada e partida de viajantes de vários lugares do Brasil e do mundo.

Para acelerar as reformas, o engenheiro Pereira Passos foi nomeado prefeito da capital. As reformas urbanas ocorreram de forma tão radical no centro da cidade que eram chamadas pela imprensa de **Bota-Abaixo**, em referência à quantidade de edifícios e de outras estruturas demolidas durante o processo. Entre os edifícios centrais que foram demolidos, estavam diversos cortiços que eram habitados pela população pobre. Após a demolição, muitas dessas pessoas ficaram sem ter onde morar.

Foto da avenida Central, na cidade do Rio de Janeiro (RJ), em 1905.

20

A modernização da cidade

As reformas urbanas, relacionadas ao ideal de modernização do país, envolveram várias mudanças estruturais na cidade. O governo e as elites tinham a intenção de transformar o centro da cidade em um local onde se concretizassem os ideais de ordem, progresso e civilização.

Veja alguns exemplos de mudanças que ocorreram após as reformas em um dos pontos da cidade, a avenida Central.

- Foram inauguradas várias lojas de artigos de luxo, salões de chá e cafés à moda francesa.
- A avenida foi alargada permitindo a circulação dos primeiros automóveis, e arborizadas.
- Muitos edifícios foram demolidos, os quais eram, em grande parte, moradias coletivas habitadas pela população pobre, dando espaço a suntuosos edifícios de arquitetura de influência europeia.
- O *footing*, que significa "caminhada", em inglês, tornou-se uma prática bem difundida. Passear pela avenida era um novo meio de sociabilidade.
- Ela foi a primeira via da cidade a ter um trecho com iluminação pública elétrica.

> **A perseguição aos "velhos hábitos"**
>
> Além das mudanças na estrutura e na paisagem urbana, eram necessárias mudanças também nos hábitos da população, as quais aconteceram pela imposição de um novo estilo de vida e de novos padrões estéticos. Atividades como o comércio ambulante, as festas populares, a roda de capoeira e as práticas relacionadas às religiosidades tradicionais africanas ou indígenas foram proibidas. Além disso, mendigos foram recolhidos das ruas e levados para prisões e hospícios.

Civilização: nesse sentido, refere-se à urbanização e a práticas consideradas refinadas.

Foto da avenida Central, na cidade do Rio de Janeiro (RJ), em 1910.

As crônicas do Rio de Janeiro

Lima Barreto (1881-1922).
Foto de 1916.

As reformas ocorridas no início do século XX no Rio de Janeiro trouxeram à tona questões polêmicas relacionadas às desigualdades sociais e ao desejo que os governantes tinham de equiparar as cidades brasileiras às capitais estrangeiras.

Um dos grandes críticos das reformas, na época, foi o jornalista e escritor carioca Lima Barreto (1881-1922). Suas **crônicas** retratavam de modo irônico as transformações pelas quais a cidade do Rio de Janeiro estava passando.

Leia a seguir uma crônica publicada por Lima Barreto na revista *Careta*, em agosto de 1920. Perceba que, além de expressar uma opinião, essa crônica foi um instrumento de crítica social, pois estimulou no leitor o senso crítico e a reflexão.

Megalomania

Não se abre um jornal, uma revista, um magazine, atualmente, que não topemos logo com propostas de deslumbrantes e custosos melhoramentos e obras.

São reformas suntuárias na cidade; coisas fantásticas e babilônicas, jardins de Semíramis, palácios de *Mil e Uma Noites* e outras cousas semelhantes...

Houve um até que aventou a ideia do Ministério da Agricultura e a Prefeitura Municipal construírem um prado de corridas no Leblon, visto, diz a tal publicação textualmente, gastar-se tanto dinheiro em coisas inúteis.

É claro que o autor da ideia acha coisa de suma utilidade um prado de corrida e as razões que apresenta são de tal ordem que se o artigo fosse assinado, o seu autor merecia ser lapidado pelos miseráveis e pobres que não têm um hospital para se tratar, pelos mendigos e estropiados que não possuem asilo onde se abrigar.

A função primordial dos poderes públicos, sobretudo o municipal, para o incubador de semelhante ideia, é fornecer passatempos a quem os já tem de sobra. Para ele, um prado é coisa de utilidade social, porque lá podem ser exibidas vistosas *toilettes*.

Montra: vitrine de loja.

Nesse caminho, a prefeitura deve desapropriar as "montras" da rua do Ouvidor e da avenida, para ampliá-las, embelezá-las, de forma a poder aumentar o número de bonecas de cera, vestidas a capricho.

Tudo delira e todos nós estamos atacados de megalomania. De quando em quando, dá-nos essa moléstia e nós nos esquecemos de obras vistas, de utilidade geral e social, para pensar só nesses arremedos parisienses, nessas fachadas e ilusões cenográficas.

Não há casas, entretanto queremos arrasar o morro do Castelo, tirando habitação de alguns milhares de pessoas.

Como lógica administrativa, não há cousa mais perfeita!

O mundo passa por tão profunda crise, e de tão variados aspectos, que só um cego não vê o que há nesses projetos de loucura, desafiando a miséria geral.

Remodelar o Rio! Mas como? Arrasando os morros... Mas não será mais o Rio de Janeiro; será toda outra qualquer cidade que não ele.

É caso de apelar para os ditados. Vão dois: cada louco com a sua mania; sua alma, sua palma.

Lima Barreto. Megalomania. Em: Afonso Carlos Marques dos Santos (Coord.). *O Rio de Janeiro de Lima Barreto*. Rio de Janeiro: Rioarte, 1983. v. 2. p. 269-270.

Demolição do morro do Castelo, na cidade do Rio de Janeiro (RJ). Foto de 1921.

1. Depois de lida a crônica, foi possível compreender melhor a que se refere o título? Explique-o.

2. Explique o que é tratado nessa crônica. Você já leu algum texto parecido com esse? Comente com os colegas.

3. Com qual objetivo essa crônica foi escrita?

4. De acordo com a crônica, a modernização do Rio de Janeiro foi favorável a toda a população?

5. Baseando-se no estudo deste capítulo e na crônica lida, é possível estabelecer relações entre o assunto da crônica e a realidade atual nos grandes centros urbanos? Converse com os colegas.

Viver com dignidade

Observe a charge a seguir, feita pelo artista Jean Galvão.

Jean Galvão. *Folha de S.Paulo*, São Paulo, 7 nov. 2008. Opinião, p. 2.

O direito à moradia está previsto na Constituição brasileira vigente, promulgada em 1988. Mas será que esse direito é plenamente respeitado em nosso país atualmente? Você já viu famílias em situação semelhante à que foi representada na charge de Jean Galvão?

Ainda atualmente, no Brasil, milhares de pessoas não possuem uma habitação adequada e são obrigadas a morar em locais precários. A situação faz com que essas pessoas vivam sem dignidade, pois o direito à moradia, um de seus direitos fundamentais, é desrespeitado.

As primeiras favelas no Brasil

As primeiras favelas do Brasil surgiram no final do século XIX. No contexto das reformas urbanas na cidade do Rio de Janeiro, no início do século XX, houve um grande aumento na quantidade de favelas. Por causa das obras, a população pobre que habitava a região central da cidade foi expulsa e teve suas moradias destruídas.

A maioria das pessoas passou a viver em locais precários, muitas vezes nas periferias, em colinas e morros, formando assentamentos que ficaram conhecidos como favelas. Esses locais eram desprovidos de condições adequadas de vida. As habitações, como barracos e casebres, geralmente eram improvisadas, feitas com materiais dos edifícios demolidos no centro da cidade.

Atualmente, existem favelas em quase todas as grandes cidades do Brasil. As pessoas que vivem nesses lugares ainda enfrentam muita pobreza e dificuldades. Por isso, várias organizações não governamentais, movimentos sociais e os próprios moradores se mobilizam, promovendo diversas ações que visam melhorar as condições de vida nesses locais.

Os projetos sociais desenvolvidos nas favelas, sejam eles promovidos pelo governo, sejam liderados por instituições não governamentais, envolvem diversas atividades no campo da educação, da cultura e do esporte. São realizados cursos profissionalizantes; oficinas de teatro, de música e de dança; práticas esportivas como artes marciais, futebol e ginástica olímpica; entre outros. Essas atividades costumam revelar grandes talentos e formar bons profissionais.

É importante que os próprios moradores participem da organização e do desenvolvimento desses projetos, pois eles vivenciam a realidade da favela e conhecem as necessidades da população local.

As pessoas envolvidas na melhoria desses lugares exercem um papel transformador, contribuindo para que os moradores tenham condições de vida mais dignas.

Interior do Museu da Maré, localizado no Complexo da Maré, no Rio de Janeiro (RJ), em foto de 2013. Esse museu foi criado por iniciativa de membros da favela local, com o objetivo de registrar e de divulgar a história dos moradores. No museu, também são desenvolvidas várias atividades lúdicas e educativas.

1. Descreva a charge de Jean Galvão apresentada na página anterior.
2. Identifique a principal crítica feita pelo artista por meio dessa charge. Depois, comente com os colegas.
3. Atualmente, de que maneira as famílias que habitam moradias precárias têm sua dignidade afetada?
4. Em sua opinião, que tipos de iniciativas podem ser adotados para melhorar as condições de vida de pessoas que vivem em favelas?

Cotidiano e cultura: esperança de tempos melhores

O início do século XX no Brasil foi marcado por grande entusiasmo, que se refletiu em diferentes setores da sociedade, principalmente nas elites.

Diversas novidades tecnológicas passaram a fazer parte do cotidiano nas grandes cidades, como o telefone, o automóvel, o avião, a iluminação elétrica, o rádio, o refrigerador e o fogão a gás. O cinema foi uma das inovações de mais destaque na época, com filmes estrangeiros sendo exibidos à população. Assim, artistas europeus e estadunidenses passaram a influenciar a moda e o comportamento dos espectadores brasileiros.

Público aguarda o início de um filme no Cine Íris, na cidade do Rio de Janeiro (RJ). Foto de 1921.

Novos hábitos

Embalados por essas influências e pelo entusiasmo que marcou a entrada do novo século, muitas pessoas começaram a buscar diferentes maneiras de viver e de conviver nos grandes centros urbanos.

Alguns costumes e modismos tornaram-se referência para o estilo de vida das pessoas, sobretudo dos membros da elite, que promoviam festas e bailes com novos tipos de música e dança, como o *charleston* ou o foxtrote.

Homens e mulheres que procuravam seguir as tendências da moda passaram a usar roupas inspiradas nos figurinos usados pelas estrelas do cinema internacional. Isso influenciou também os cortes de cabelo e a maneira de se maquiar de muitas mulheres.

Foto de jovens atrizes da cidade do Rio de Janeiro (RJ) folheando a revista *O Cruzeiro*, em campanha na década de 1920.

A luta das mulheres

A luta pelos direitos das mulheres teve seus primeiros avanços no Brasil no final do século XIX. Nesse período, a atuação da professora Nísia Floresta se destacou. Ela lutou pela emancipação feminina e foi fundadora da primeira escola para meninas no Brasil, garantindo o direito à educação em uma época em que poucas meninas e mulheres jovens frequentavam o ensino público.

Nas primeiras décadas do século XX, a luta pelo direito das mulheres ganhou força. Impulsionada pelo movimento de grupos sindicalistas empenhados na melhoria das condições de trabalho e melhores salários, por exemplo, muitas mulheres operárias se articularam para reivindicar melhores condições de trabalho, com licença-maternidade, melhores salários e jornadas de trabalho menores.

Baltazar da Câmara. Retrato de Nísia Floresta produzido no final do século XIX. Óleo sobre tela. Acervo da Fundação Joaquim Nabuco, Recife (PE).

Foto de tecelãs trabalhando em indústria na cidade de São Paulo (SP), durante a década de 1920.

A imprensa foi um importante meio de divulgação das reivindicações das mulheres e auxiliou na conquista de apoio de políticos e da opinião pública. Fac-símile do jornal *O Brasil*, de 3 de março de 1925.

A participação política também foi uma pauta importante nas reivindicações femininas do início do século XX. Em 1922, por exemplo, a bióloga brasileira Bertha Lutz liderou a **Federação Brasileira Pelo Progresso Feminino**, na cidade do Rio de Janeiro.

Essa e outras associações promoviam campanhas e manifestações pelos direitos das mulheres, como o direito ao voto, buscando apoio de políticos e da opinião pública.

Movimentos modernistas na arte

Na Europa, desde meados do século XIX, o desenvolvimento tecnológico e as mudanças sociais e culturais vinham influenciando diversos movimentos artísticos que buscavam romper com os padrões acadêmicos nas artes visuais, na música e na literatura. Surgiram, então, vários movimentos artísticos de vanguarda, como o Cubismo (1907), o Futurismo (1909), o Expressionismo (1910) e o Dadaísmo (1916). Esses movimentos, também conhecidos como movimentos modernistas, buscavam mais originalidade e liberdade de estilo.

No Brasil, o Modernismo surgiu no início do século XX por meio do contato de artistas brasileiros com movimentos da vanguarda europeia. Diversos intelectuais e artistas do país passaram a defender a ideia de que a arte produzida no Brasil precisava de grande renovação. Por isso, eles ficaram conhecidos como **modernistas**.

Essa tela, do pintor espanhol Juan Gris, é um exemplo de arte cubista. *Retrato de Josette Gris*, 1916. Óleo sobre tela. Acervo do Museu Nacional Centro de Arte Reina Sofia, Madri, Espanha.

Vanguarda: o que está à frente do seu tempo, que é considerado novo, avançado.

Mas afinal, o que é modernidade?

Uma das possíveis respostas a essa pergunta pode ser a que o historiador francês Jacques Le Goff apresentou para definir o conceito de modernidade. Para ele, modernidade tem a ver com um profundo sentimento de ruptura com o passado.

Portanto, podemos definir o moderno como aquele que busca pelo rompimento de valores e conceitos tradicionais, vigentes em uma determinada época. Nesse sentido, os artistas do Modernismo brasileiro procuravam trazer novas ideias e elementos estéticos para suas obras.

As principais características do Modernismo brasileiro foram:
- liberdade de criação;
- rompimento com a tradição;
- experimentalismo;
- valorização de elementos do cotidiano, do comum, do que é banal.

Essa nova perspectiva da arte e da cultura valorizada pelos modernistas estava diretamente ligada à época em que viviam, marcada por grandes transformações políticas, avanços na ciência e tecnologia e outros acontecimentos do início do período republicano.

A pintura modernista no Brasil

Entre as diversas expressões artísticas do movimento modernista brasileiro, como a literatura e a música, a pintura foi um dos destaques. As pinturas modernistas apresentavam características até então pouco exploradas pelos artistas brasileiros. Pinceladas ágeis, cores fortes e mais liberdade de formas passaram a ser muito valorizadas pelos pintores modernistas. Observe as obras a seguir. Procure identificar os elementos modernistas presentes nessas pinturas.

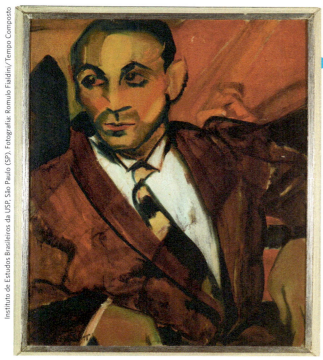

Anita Malfatti. *O homem amarelo*, 1916. Óleo sobre tela. Acervo do Instituto de Estudos Brasileiros da USP, São Paulo (SP).

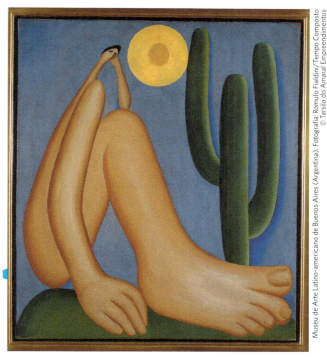

Tarsila do Amaral. *Abaporu*, 1928. Óleo sobre tela. Acervo do Museu de Arte Latino-americano de Buenos Aires, Argentina.

A Semana de 1922

Para divulgar suas ideias, os modernistas promoveram a **Semana de Arte Moderna**, em fevereiro de 1922, na cidade de São Paulo. Esse evento teve a participação de diversos intelectuais e artistas divulgando suas propostas, como os pintores Anita Malfatti e Di Cavalcanti; os escritores Mario de Andrade, Oswald de Andrade e Manuel Bandeira; e o músico Heitor Villa-Lobos.

As obras de arte e as demais produções apresentadas nesse evento chocaram muitas pessoas, pois os artistas propunham novas ideias e perspectivas sobre a arte, o que era desconhecido até então para grande parte do público. Por causa do impacto que ela provocou, a Semana de 1922 é considerada um marco simbólico para o movimento modernista brasileiro.

Atividades

Organizando o conhecimento

1. A Constituição de 1891 garantia o direito de voto a quais cidadãos brasileiros?

2. Explique o que era a política do café com leite.

3. Leia novamente as páginas **26** a **29** e produza um texto sobre as mudanças no cotidiano da população brasileira no início do século XX. Utilize as palavras do quadro a seguir em seu texto.

| comportamento • hábitos • inovações • Modernismo • tecnologia |

Conectando ideias

4. A capoeira é uma manifestação cultural de origem afro-brasileira que agrega aspectos de dança, música e luta. Em 2014, a capoeira foi reconhecida como Patrimônio Cultural Imaterial da Humanidade. No início do século XX, ela chegou a ser proibida, e sua prática, perseguida pelas autoridades do governo republicano. Leia a seguir um trecho do Código Penal brasileiro de 1890 que trata das punições aos praticantes da capoeira.

Crianças quilombolas praticam capoeira durante Festa de Cultura Afro, realizada no Dia da Consciência Negra, em Araruama (RJ). Foto de 2015.

Dos vadios e capoeiras

[...] Art. 402. Fazer nas ruas e praças públicas exercícios de agilidade e destreza corporal conhecidos pela denominação **capoeiragem**; andar em correrias, com armas ou instrumentos capazes de produzir uma lesão corporal, provocando tumultos ou desordens, ameaçando pessoa certa ou incerta, ou incutindo temor de algum mal:

Pena: de prisão [...] por dous a seis mezes. [...]

Decreto n. 847 de 11 de outubro de 1890. Senado Federal. Secretaria de Informação Legislativa. Disponível em: <https://legis.senado.leg.br/legislacao/ListaTextoSigen.action?norma=389719&id=14444059&idBinario=15629240>. Acesso em: 26 jul. 2018.

a) De acordo com o Código Penal de 1890, como a capoeira é descrita?

b) O artigo 402 agrupa a capoeira com quais outras atividades?

c) Atualmente, a capoeira é praticada em vários países, como Estados Unidos, México, Japão, Israel, alguns países da Europa, entre outros. Em sua opinião, por que a capoeira conquistou adeptos em tantos lugares diferentes? Comente com os colegas.

5. Leia o texto a seguir, que comenta sobre o processo de urbanização da cidade de São Paulo no início do século XX. Depois responda às questões.

> [...] a urbanização paulistana implicou "embelezamento" da cidade, mas, de maneira simétrica, empreendeu nova expulsão da pobreza e das atividades ligadas ao mundo do trabalho, consideradas incompatíveis com a modernidade. Essa é a época da aprovação de uma série de regulamentações oficiais (as chamadas "posturas"), que previam multas e impostos para atividades que, até então, caracterizavam o dia a dia da cidade: venda de galinhas, vassouras, frutas e legumes etc. [...] Por um lado, a infraestrutura da cidade foi alterada, com a abertura de novos bairros e ruas elegantes, que revolucionaram o até então pacato cotidiano paulistano. [...] Por outro lado, foram demolidos muitos casebres e favelas, tudo em nome do prolongamento das ruas e da ampliação de largos e praças. [...]
>
> Lilia Moritz Schwarcz. População e sociedade. Em: Lilia Moritz Schwarcz (Coord.). *A abertura para o mundo*: 1889-1930. Rio de Janeiro: Objetiva, 2012. p. 47. (História do Brasil Nação 1808-2010).

a) O que eram as "posturas" e o que elas previam?

b) Quais foram as consequências dessas medidas para a população mais pobre?

6. A charge a seguir faz referência a uma medida adotada pelo governo provisório e consolidada pela Constituição de 1891. Analise-a e, depois, responda às questões.

Charge de Pereira Neto publicada na *Revista Illustrada*, em 1890. Acervo da Fundação Biblioteca Nacional do Rio de Janeiro (RJ).

a) O homem que está portando a espada faz referência a que grupo da sociedade brasileira do final do século XIX?

b) Quem são as pessoas representadas do lado direito da imagem e por que elas estão assustadas? Explique.

c) Qual é a medida tratada na charge? Cite elementos da imagem para explicar como você chegou a essa conclusão.

d) A medida identificada no item **c** está presente na Constituição atual do Brasil? Se necessário, faça uma breve pesquisa para responder a essa questão.

CAPÍTULO 2

Movimentos sociais e resistência

A modernização e as melhorias ocorridas nas grandes cidades do Brasil não eram partilhadas por todas as camadas da sociedade. Os grandes centros urbanos atraíam populações que vinham de diferentes regiões do país em busca de trabalho e de melhores condições de vida. No entanto, o número de pessoas desempregadas era cada vez maior. Assim, muitas famílias tinham que viver em cortiços e em outras moradias precárias. Para agravar ainda mais a situação, havia problemas de saúde e higiene. Todos esses fatores contribuíram para o surgimento de diversas mobilizações populares no início do século XX.

Mobilizações nas cidades

Como vimos no capítulo anterior, a cidade do Rio de Janeiro, no começo do século XX, estava passando por um intenso processo de reformas urbanas. Além disso, para combater as frequentes epidemias, como a febre amarela, a varíola e a peste bubônica (também conhecida como peste negra), doenças que causavam grande número de mortes, foi colocada em prática uma política de saneamento e higienização.

O médico sanitarista Oswaldo Cruz foi o encarregado de promover uma série de medidas de combate e erradicação dessas doenças. Entre essas medidas, estava a criação da Brigada Mata-Mosquitos, formada por grupos de funcionários que vistoriavam as moradias da cidade com o objetivo de identificar e eliminar focos de doenças. Os agentes sanitários eram acompanhados de policiais, que muitas vezes utilizavam a violência para, se preciso, invadir as moradias, causando grande insatisfação nas pessoas.

Outra medida que gerou polêmica nessa época foi a criação de uma lei, no início de novembro de 1904, que tornava obrigatória a vacinação contra a varíola. No entanto, o governo não informou adequadamente a população sobre a vacinação. Assim, a população do Rio de Janeiro, que já estava insatisfeita com as reformas urbanas e com a ação da Brigada Mata-Mosquitos, acabou revoltando-se.

Com a criação da lei da vacinação obrigatória, os meios de comunicação da cidade, como revistas e jornais, denunciavam a medida imposta por meio de textos e charges, como essa ao lado. *O espeto obrigatório*, charge publicada em 1904 na revista *A Avenida*.

A revolta da vacina

Nos dias seguintes à instituição dessa lei, as ruas da cidade tornaram-se palco de diversas manifestações e protestos que exigiam o fim da obrigatoriedade da vacinação. Foi a chamada **Revolta da Vacina**, ocorrida entre os dias 10 e 16 de novembro de 1904, em que a população derrubou e incendiou bondes, depredou lojas, quebrou postes, montou barricadas com pedras e paus que estavam nas ruas, como pode ser observado nas fotos apresentadas a seguir. A força policial e militar reagiu violentamente, atirando contra os populares.

Após violentos conflitos nas ruas da cidade, a revolta popular foi controlada pelas forças do governo e a obrigatoriedade da vacina foi suspensa. No final do conflito contabilizou-se um saldo de trinta mortos, 110 feridos e 945 presos que foram deportados para trabalhar nos seringais, no estado do Acre, ou enviados para a prisão na ilha das Cobras, no Rio de Janeiro.

Os conflitos se estenderam a diferentes regiões do centro da cidade do Rio de Janeiro (RJ). Um bonde foi tombado na praça da República, esquina com a rua da Alfândega. Foto de novembro de 1904.

A população resistiu de diversas maneiras, construindo barricadas, usando armas de fogo ou atirando objetos. Ao lado, foto de barricada no bairro da Gamboa, Rio de Janeiro (RJ), em novembro de 1904.

A importância da vacina

Atualmente, a vacinação continua sendo um dos principais e mais eficazes métodos de prevenção de doenças no mundo todo. Isso acontece porque, além de nos proteger contra determinadas doenças, protege também a comunidade em que vivemos, impedindo que as doenças se espalhem e se tornem epidemias. Graças às vacinas, doenças como o sarampo, a poliomielite e o tétano estão sob controle e não afetam grande parte da população.

No Brasil, há cerca de 10 vacinas obrigatórias, além de outras opcionais que devem ser aplicadas nas pessoas desde o seu nascimento. Essas vacinas ajudam a controlar os casos de contágio e, mesmo com o passar dos anos, a erradicar doenças como a varíola, que vitimava pessoas no mundo todo desde a Antiguidade.

Embora algumas pessoas ainda resistam à vacinação, o governo e vários profissionais da saúde alertam para a importância da vacinação não só de bebês e crianças, mas também de idosos contra as mais diversas doenças que ainda prejudicam a população. Veja a seguir dados estatísticos sobre a incidência de algumas doenças pelo mundo ao longo dos anos e como as vacinas foram determinantes no combate a cada uma delas.

Material de divulgação da Campanha Nacional de Vacinação de 2018.

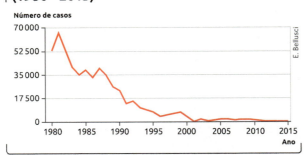

Fonte: Organização Mundial da Saúde.

Fonte: Organização Mundial da Saúde.

1. De acordo com os gráficos, o que aconteceu com a incidência das doenças exemplificadas entre os anos de 1980 e 2015?

2. Qual a importância das vacinas para a saúde pública? Converse com os colegas.

A Revolta dos Marinheiros

Outra mobilização que aconteceu no Rio de Janeiro, no começo do século XX, foi a **Revolta dos Marinheiros**, também conhecida como **Revolta da Chibata**, em novembro de 1910. No contexto de modernização que prevalecia no país, a Marinha brasileira também estava se modernizando. O Brasil era uma das maiores potências navais na época, e a Marinha acabara de reaparelhar sua frota com modernos navios, como torpedeiros, cruzadores e encouraçados.

A modernização da Marinha, porém, não foi acompanhada por melhorias nas condições de trabalho dos marinheiros, os quais, de maioria afrodescendente, sofriam com a má alimentação, com o trabalho excessivo e com os baixos salários. Além disso, as normas disciplinares da Marinha ainda eram as mesmas dos tempos da Monarquia, com a aplicação de castigos físicos como a chibatada em caso de desrespeito às regras.

> **Encouraçado:** navio de guerra armado com canhões.
>
> **Anistiar:** ato que anula punições e condenações por motivos políticos praticadas em determinado período.

Diante dessa situação, os marinheiros planejaram uma revolta, que eclodiu quando Marcelino Rodrigues Menezes foi punido com 250 chibatadas a bordo do encouraçado *Minas Gerais*. Os participantes da revolta ocuparam então os navios de guerra e apontaram os canhões para a capital, ameaçando bombardear o Rio de Janeiro. O movimento, que teve a participação de cerca de 2 300 marinheiros, exigia o fim dos castigos físicos, o aumento dos salários e melhores condições de trabalho.

Encouraçado *Minas Gerais* retratado em foto de 1909.

Após alguns dias, a revolta terminou vitoriosa: os castigos físicos e o uso da chibata foram abolidos da Marinha brasileira. Os envolvidos na revolta renderam-se e foram anistiados. Porém, pouco tempo depois, em represália, o governo baixou um decreto permitindo que eles fossem expulsos da Marinha. Com isso, muitos marinheiros foram presos e deportados para o Acre, sendo muitos deles executados ainda no caminho.

Participantes da Revolta da Chibata a bordo do encouraçado *São Paulo*, em foto de 1910. O principal líder da revolta era João Cândido, conhecido como "almirante negro" (ao centro).

O trabalho nas fábricas

No início do período republicano no Brasil, o setor industrial intensificou as suas atividades, atraindo pessoas de diferentes regiões do país, que partiam em busca de emprego e de melhores condições de vida nas cidades industrializadas, principalmente São Paulo. Assim, essas pessoas passaram a trabalhar como operários nas fábricas.

A falta de leis para regulamentar a rotina de trabalho deixava os operários sujeitos às arbitrariedades dos patrões, que estabeleciam as jornadas de trabalho, os salários e os regulamentos internos nas fábricas.

Os operários chegavam a realizar jornadas de catorze horas diárias, seis dias por semana. Às vezes, trabalhavam também em horários noturnos. Algumas fábricas aplicavam multas ou mesmo castigos corporais como forma de punição, caso os operários não cumprissem as metas ou desrespeitassem as regras impostas pelos donos das fábricas.

A remuneração do trabalho nas fábricas era baixa, e mulheres e crianças recebiam salários inferiores aos dos homens. Além dos baixos salários, as condições de trabalho eram bastante difíceis, com longas jornadas e condições insalubres.

Muitas crianças, por terem de trabalhar nas fábricas para complementar a renda familiar, não tinham acesso ao ensino, e às vezes passavam a vida toda sem frequentar a escola. Mulheres e crianças trabalhavam em diferentes setores da indústria, principalmente tecelagem, vestuário, confecções e alimentos.

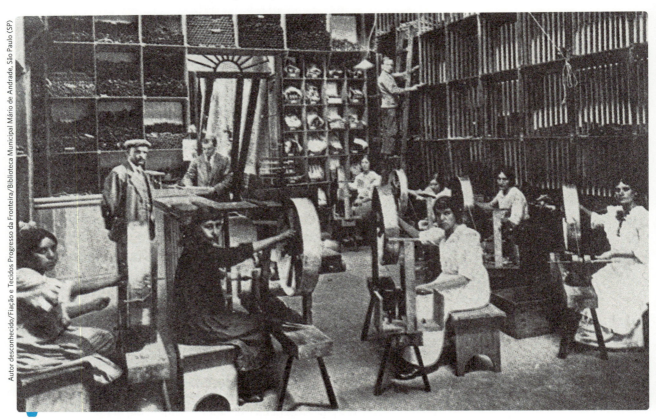

Mulheres trabalhando em uma fábrica de tecidos em Uruguaiana (RS), em foto de 1916. Acervo da Biblioteca Municipal Mário de Andrade, São Paulo (SP).

A formação de sindicatos

Para garantirem seus direitos, no início do século XX, muitos trabalhadores passaram a se organizar em sindicatos. Essas associações de trabalhadores atuavam na luta por direitos como a regulamentação da jornada de trabalho, salários dignos e melhores condições de trabalho dentro das fábricas.

As maneiras mais comuns de mobilização eram por meio da imprensa escrita; de manifestações, como comícios e passeatas; e de greves, que atingiam diretamente os interesses dos patrões com a paralisação das atividades nas fábricas.

Os sindicatos chegaram a ser perseguidos pelas autoridades policiais, que os viam como organizações que visavam perturbar a ordem, com seus associados sendo considerados "agitadores" e "baderneiros", muitos dos quais foram presos como criminosos. Várias manifestações dos trabalhadores eram dispersas com violência policial.

Apesar das dificuldades enfrentadas na época, a atuação dos sindicatos foi muito importante na conquista de direitos e na regulamentação do trabalho nas fábricas. Muitos direitos, como os de férias e de licença-maternidade, foram conquistados por causa da ação coletiva dos trabalhadores.

O país em greve

Em 1917, os operários conseguiram organizar uma greve geral, que atingiu várias cidades do país e teve a participação de aproximadamente 70 mil trabalhadores. A greve começou em São Paulo e teve a adesão de trabalhadores de outros estados, como Rio de Janeiro, Paraíba, Minas Gerais e Rio Grande do Sul.

Entre as reivindicações dos operários e das operárias, estavam:

- a regulamentação do trabalho de mulheres e menores (proibição do trabalho de menores de 14 anos e abolição do trabalho noturno para mulheres);
- a redução da jornada de trabalho para oito horas;
- o aumento de salários;
- o respeito ao direito de associação para os trabalhadores.

Grevistas no Largo do Palácio, na cidade de São Paulo (SP). Foto de 1917.

Mobilizações no campo

No interior do país, o isolamento e a falta de políticas específicas para o campo levaram à exclusão da população sertaneja do projeto de modernização republicano.

A concentração de terras nas mãos de poucos latifundiários dificultava o acesso à propriedade rural. Muitos camponeses sofriam com a exploração da mão de obra, além de suportarem maus-tratos e péssimas condições de vida. Na região Nordeste atual, essa situação podia piorar com o problema da seca, que causava fome e miséria, gerando conflitos entre camponeses e latifundiários.

Essa situação contribuiu para a eclosão de movimentos sociais no campo em várias regiões, entre eles, a **Guerra de Canudos** e a **Guerra do Contestado**.

A Guerra de Canudos

A Guerra de Canudos, considerada um dos conflitos mais violentos da história do país, aconteceu na Bahia entre os anos de 1896 e 1897. Canudos foi um povoado no interior da Bahia onde Antônio Vicente Mendes Maciel, conhecido como Antônio Conselheiro, passou a viver com seus seguidores em 1893. Conselheiro, que era um peregrino e pregador da região, mudou o nome do povoado para arraial de Belo Monte. Em suas pregações, ele fazia várias críticas à República, principalmente com relação ao aumento de impostos e à situação de miséria do povo.

A comunidade chegou a abrigar cerca de 20 mil moradores. O crescimento do povoado incomodou os latifundiários, pois muitas famílias deixavam suas moradias e o trabalho para viver em Canudos, provocando a diminuição da mão de obra nas fazendas da região. Assim, logo começou a ser difundida a ideia de que Canudos era um reduto onde viviam milhares de "fanáticos", inimigos da República e de seus ideais de "ordem e progresso".

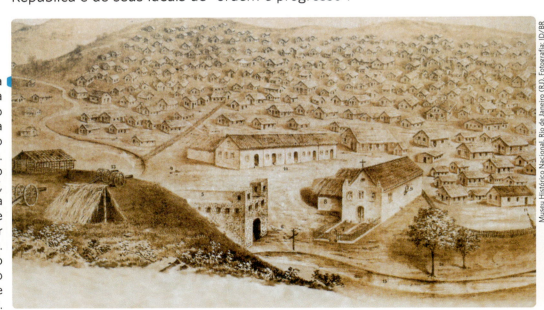

Em Canudos, a economia era baseada no uso comum da terra e no trabalho comunitário. A gravura ao lado, de 1897, representa o arraial de Canudos. Autor desconhecido. Acervo do Museu Histórico Nacional, Rio de Janeiro (RJ).

Em resposta, o governo enviou para o arraial três expedições militares com o objetivo de destruir Canudos, mas o Exército encontrou forte resistência dos sertanejos. Somente na quarta expedição, em 1897, após utilizar quase metade do efetivo do Exército (que era de 20 mil soldados na época), além de homens das polícias estaduais da região, o arraial de Canudos foi completamente destruído e sua população, massacrada.

Mulheres e crianças de Canudos aprisionadas no arraial pelas forças militares nos últimos dias de conflito. Foto de 1897.

A Guerra do Contestado

O Contestado era uma região disputada entre os estados do Paraná e de Santa Catarina. Nessa região, entre os anos de 1912 e 1916, ocorreu outro violento conflito, que ficou conhecido como Guerra do Contestado.

O movimento era formado por seguidores do monge e curandeiro José Maria e por um grupo de posseiros, pequenos lavradores, peões, opositores dos coronéis e pessoas que haviam sido expulsas de suas terras por causa da construção de uma ferrovia ligando os estados de São Paulo e do Rio Grande do Sul.

A empresa que recebeu concessão para a construção e a exploração da estrada de ferro foi a estadunidense Brazil Railway Company. O governo brasileiro cedeu a essa empresa até 15 km de terra para cada margem da linha férrea. Esse território foi utilizado pela empresa para extração de madeira. Assim, muitos sertanejos que viviam havia décadas naquelas terras foram expulsos e obrigados a procurar outros meios de sobrevivência.

Além das motivações sociais, como a pobreza e a dominação dos coronéis, a Guerra do Contestado foi marcada pelo **messianismo** (veja o boxe). Logo, o movimento foi considerado pelo governo contrário à República, por rejeitar os valores do novo regime instaurado no país.

Assim, em 1912 teve início o conflito, com o combate entre os revoltosos e as tropas do governo no município catarinense de Irani, onde o monge José Maria foi morto. A partir de então, os sertanejos tiveram outros líderes, mas sempre mantiveram a esperança do retorno do monge e de seu "exército encantado", como era por eles considerado.

O conflito se estendeu até 1916, após muita resistência e luta dos sertanejos. Assim como em Canudos, os seguidores do monge foram acusados de "fanáticos", e o governo utilizou cerca de 8 mil soldados, além dos vaqueanos, que eram civis contratados por fazendeiros da região, para conter o movimento.

Em 1916, os últimos sertanejos do Contestado foram derrotados pelas tropas do governo, e os redutos sertanejos, ou "cidades santas", como eram chamados, foram totalmente destruídos.

A foto acima retrata um grupo de sertanejos aprisionados em Canoinhas, atual estado de Santa Catarina, em 1916.

O messianismo

As comunidades de Canudos e do Contestado foram fundadas por princípios **messiânicos**. A religiosidade, principalmente o catolicismo popular, exerceu um papel muito importante nessas comunidades.

Os movimentos messiânicos são marcados pela crença em um salvador, alguém enviado pelo divino, com a expectativa de que ele instaure uma nova era de felicidade e paz, colocando fim às opressões e injustiças. Tem como característica líderes religiosos carismáticos, os quais podem ser conhecidos como profetas, monges ou conselheiros.

Mulheres do Contestado

As mulheres tiveram uma atuação muito importante na Guerra do Contestado. Elas preparavam alimentos para todos, cuidavam de crianças, feridos e doentes, além de muitas delas se destacarem nos combates armados ou desempenhando papéis de liderança.

Entre essas mulheres havia as chamadas **virgens**, escolhidas entre as que eram consideradas puras e piedosas, não significando, necessariamente, que não haviam tido relações sexuais, pois muitas eram casadas. Elas acompanhavam o monge José Maria e ajudavam nas rezas, nas pregações e no preparo de bebidas usadas como remédio. As virgens que mais se destacaram durante o conflito eram adolescentes entre 11 e 15 anos de idade.

Após a morte em combate do monge José Maria, as virgens passaram a exercer papel de videntes, realizando a mediação entre o "mundo encantado", mítico, e o mundo dos sertanejos. Em momentos de transe ou por meio de sonhos, elas relatavam visões do monge e transmitiam as supostas ordens dele para os sertanejos.

Foto de cerca de 1912 mostrando o monge José Maria e três virgens.

Por causa desse poder simbólico, muitas delas tornaram-se líderes nas comunidades e também nos combates. Entre as virgens, Maria Rosa foi uma das que mais se destacaram. Ela tinha aproximadamente 15 anos e sempre usava roupa branca.

O texto a seguir aborda seu papel de comando nos redutos.

> [...] Maria Rosa foi a personagem feminina de maior destaque da época nos redutos. A ela foram atribuídas qualidades excepcionais enquanto vidente e comandante. Dificilmente alguém fazia algo sem antes consultar "quem tudo sabia". [...]
>
> [...] o povo obedecia cegamente às ordens de Maria Rosa, que era vista como a principal representante da vontade do monge, e dele conhecia os secretos desejos; para tanto, Maria Rosa designava comandantes e sentenciava, se necessário. [...]
>
> Aline Eloíse Trento, Vanessa Maria Ludka e Nilson Cesar Fraga. Guerreiras imortais do Contestado, as que tudo viam e faziam durante a guerra de extermínio. *Geographia Opportuno Tempore*, Londrina, v. 1, número especial, jul./dez. 2014. p. 278-279. Disponível em: <www.uel.br/revistas/uel/index.php/Geographia/article/view/20295/15342>. Acesso em: 23 ago. 2018.

> Em sua opinião, as mulheres foram importantes nesse conflito? E na atualidade, qual é o papel das mulheres nos movimentos sociais? Converse com os colegas.

Atividades

Organizando o conhecimento

1. Copie o quadro abaixo no caderno e complete-o com as principais informações sobre a Revolta da Vacina e a Revolta dos Marinheiros.

	Revolta da Vacina	Revolta dos Marinheiros
Quando ocorreu		
Onde ocorreu		
Motivos/causas		
Como terminou		

2. Qual foi a forma de organização adotada pelos trabalhadores urbanos para lutarem por seus direitos, na primeira metade do século XX? Explique como ela funcionava.

3. Explique os principais motivos que desencadearam a Guerra do Contestado.

Conectando ideias

4. Leia o texto abaixo e analise a charge. Depois, responda às questões.

[...]
Antônio Conselheiro há vinte e dois anos, desde 1874, era famoso em todo o interior do Norte e mesmo nas cidades do litoral até onde chegavam entretecidos de exageros e quase lendários, os episódios mais interessantes de sua vida romanesca; dia a dia ampliara o domínio sobre as gentes sertanejas; vinha de uma peregrinação incomparável, de um quarto de século, por todos os recantos do sertão, onde deixara enormes marcos, demarcando-lhe a passagem [...].

Euclides da Cunha. *Os Sertões*: campanha de Canudos. 39. ed. Rio de Janeiro: Francisco Alves Editora; Publifolha, 2000. p. 190. (Coleção Grandes Nomes do Pensamento Brasileiro).

Charge publicada na *Revista Illustrada*, em 1897, representando Antônio Conselheiro. Na legenda da imagem lê-se: "A situação real do fanático sebastianista, metido em Canudos, em verdadeiros canudos (livra!) nos sertões da Bahia. É o caso de dizer-lhe: 'Fia-te na Virgem ou no bom Jesus, e...'". Acervo da Fundação Biblioteca Nacional, Rio de janeiro (RJ).

a) De acordo com o que você estudou neste capítulo, por que o autor do texto acima afirma que Antônio Conselheiro deixou "enormes marcos" no sertão nordestino?

b) Descreva a charge e relacione-a com o movimento do messianismo.

c) Explique como o autor da charge ironiza o termo "canudos".

5. Observe a charge a seguir e, depois, responda às questões em seu caderno.

Charge produzida por Leônidas Freire. Revista *O Malho*, 1904.

a) Qual episódio da história brasileira foi representado na charge?

b) A personagem central da charge é Oswaldo Cruz. De que maneira ele foi representado?

c) Explique qual foi a participação de Oswaldo Cruz nesse episódio histórico.

d) Como as pessoas que eram contrárias à obrigatoriedade da vacinação foram representadas?

e) Por que as pessoas reagiram dessa maneira à vacinação obrigatória? Converse com os colegas.

Verificando rota

Qual tema desta unidade mais chamou sua atenção? Junte-se a um colega de sala e explique os principais pontos desse tema. Depois, escute a explicação de seu colega acerca do tema escolhido por ele e troquem informações sobre os assuntos da unidade.

Para finalizar, procure responder aos questionamentos a seguir.

- Você costuma conversar sobre o que estudou com seus colegas? Isso o ajuda a compreender os assuntos? Por quê?
- Os conteúdos apresentados nesta unidade o ajudaram a refletir sobre alguns dos problemas atuais da sociedade brasileira? Que problemas são esses?
- Sobre qual dos temas estudados você gostaria de saber mais? Por quê?
- Você buscou informações extras sobre os temas estudados em outros meios, como livros, revistas, jornais, filmes e páginas da internet? Sobre quais temas? Como essas informações ajudaram ou podem ajudá-lo?

Ampliando fronteiras

Futebol e racismo

O futebol é um dos esportes mais populares do mundo. Ele surgiu na Inglaterra, no século XIX, como um desporto praticado por pessoas com grande poder aquisitivo.

No Brasil, o futebol foi introduzido em 1894 por Charles Miller, um brasileiro que teve seu primeiro contato com esse esporte quando morou na Inglaterra.

Os primeiros times de futebol formados no Brasil não tinham jogadores negros.

Para entendermos o surgimento do racismo no futebol brasileiro é fundamental levarmos em consideração o contexto histórico em que o esporte chegou ao Brasil, ou seja, apenas alguns anos após a abolição da escravidão no país. Leia o texto.

[...] Durante um bom tempo o Brasil ainda viveu o ranço escravagista, e a relação entre antigos senhores e ex-escravizados continuou pautada nas relações que se estabeleciam no regime de escravidão. A nova situação dos negros, de escravizados para libertos, não foi aceita imediatamente pela sociedade brasileira.

O fato de serem libertados por força da lei não garantia aos negros os mesmos direitos de fato e todas as oportunidades dadas aos brancos em nosso país, sobretudo, às camadas mais ricas da população. Por isso, além da libertação oficial, instituída por lei, os negros brasileiros após a abolição tiveram que implementar um longo e árduo processo de construção de igualdade e de acesso aos diversos setores sociais [...]

Kabengele Munanga e Nilma Lino Gomes. *O negro no Brasil de hoje*. São Paulo: Global, 2006. p. 107. (Coleção Para Entender).

Desporto: prática esportiva, de recreação ou lazer.
Ranço: sinal, resto, vestígio.

No início do século XX, poucos times de futebol brasileiros aceitavam a participação de jogadores negros. A Ponte Preta, do estado de São Paulo, e o Bangu, do Rio de Janeiro, foram os primeiros times com jogadores negros. Na foto, o time do Bangu na cidade do Rio de Janeiro (RJ), em 1911.

Casos de racismo na atualidade

Atualmente, há jogadores negros atuando em praticamente todos os times de futebol do Brasil. Porém, apesar de ser considerado crime em nosso país, muitos jogadores afrodescendentes sofrem racismo dentro e fora de campo.

#DigaNãoAoRacismo

Uma das campanhas contra o preconceito racial no futebol foi promovida pela Federação Internacional de Futebol (FIFA), durante a Copa do Mundo de 2014. A campanha, intitulada "Diga não ao racismo", pedia aos torcedores que publicassem a frase nas redes sociais como forma de manifestação contra a intolerância.

A campanha continua. Na foto, jogadores do México e da Alemanha seguram o cartaz com os dizeres "diga não ao racismo" em inglês, durante a Copa das Confederações, em 2017.

1. Você conhece a campanha #DigaNãoAoRacismo ou outras manifestações sobre esse tema? Você acha que esse tipo de campanha é eficaz para combater o racismo? Explique.

2. Em grupo, reflitam sobre as possibilidades de combater o racismo no futebol brasileiro. Anotem as ideias de vocês em um texto coletivo. Depois, com os demais grupos, promovam um debate em sala de aula sobre o tema. Após o debate, organizem uma campanha de conscientização na escola.

45

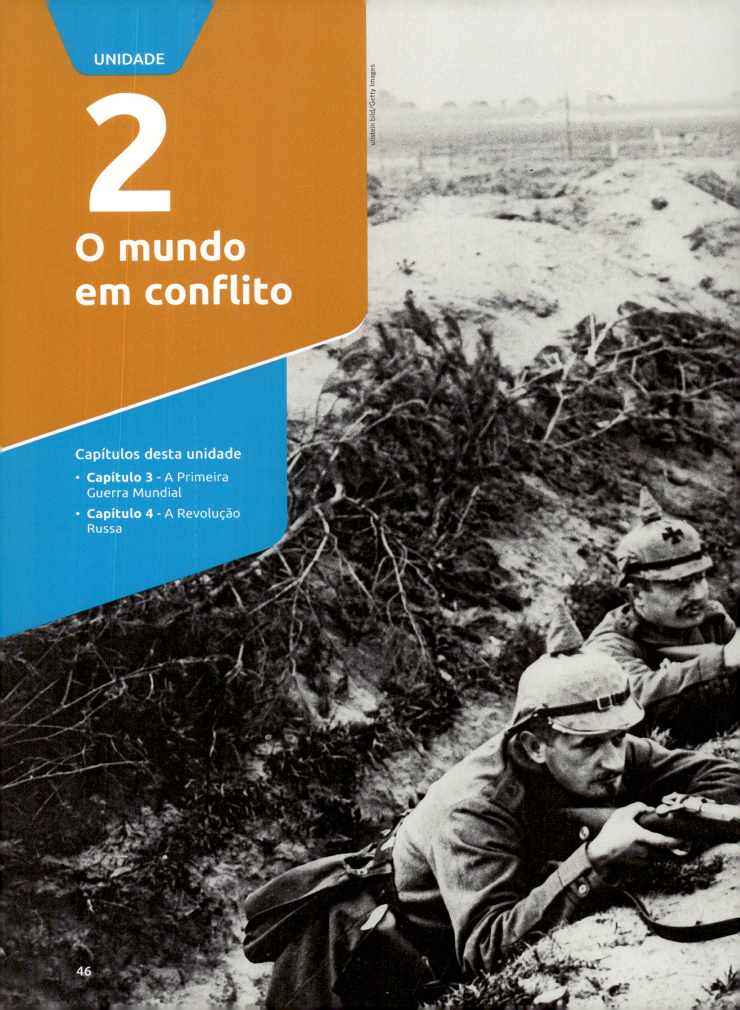

UNIDADE 2
O mundo em conflito

Capítulos desta unidade
- **Capítulo 3** - A Primeira Guerra Mundial
- **Capítulo 4** - A Revolução Russa

Foto de soldados alemães em trincheira na Prússia Oriental, no início da Primeira Guerra Mundial, em 1914.

Iniciando rota

1. Observe a foto ao lado e responda: como é o nome da escavação onde os soldados estão? Para que serve essa escavação?

2. Quais motivos podem levar um país a entrar em guerra contra outro? Comente com os colegas.

3. Em sua opinião, como é o dia a dia de pessoas que moram em um país que está em guerra?

47

CAPÍTULO 3

A Primeira Guerra Mundial

No final do século XIX, a Europa vivia um período de grande entusiasmo, em parte por causa das inovações tecnológicas proporcionadas pela Revolução Industrial. Essa época ficou conhecida como *Belle Époque*, expressão francesa que significa "bela época". No entanto, as mudanças ocorridas nesse período beneficiaram principalmente os membros das elites das grandes cidades.

Apesar desse entusiasmo, essa época foi marcada também por rivalidades entre as potências europeias, como veremos a seguir.

O imperialismo e as tensões nacionalistas

Durante as últimas décadas do século XIX, a recém-unificada Alemanha obteve grande crescimento industrial e rápido desenvolvimento de sua marinha mercantil e de guerra. Esses fatores contribuíram para acirrar a concorrência entre ela e as duas principais potências econômicas europeias do período, Inglaterra e França.

A disputa entre as potências europeias por territórios coloniais na Ásia e na África se intensificou durante as últimas décadas do século XIX. O crescimento industrial desses países levou-os a buscar novos mercados consumidores para seus produtos, assim como novas fontes de matéria-prima para suas indústrias. O domínio de novos territórios coloniais era uma solução para essas questões.

Além disso, o desenvolvimento industrial estava bastante ligado às tensões nacionalistas manifestadas na Europa no período. Nesse sentido, a indústria armamentista desempenhou importante papel, pois cada potência queria demonstrar seu poder bélico, o que gerou uma corrida armamentista entre elas.

Foto de indústria armamentista em Essen, na Alemanha, em 1909.

48

O crescimento do nacionalismo

Outro fator que contribuiu para ampliar as tensões entre os países europeus foi o forte sentimento nacionalista existente durante esse período na Europa. Esse sentimento estimulou a formação de nações imperialistas, que buscavam expandir seu território dominando outras nações politicamente e economicamente.

Na França, o nacionalismo manifestava-se em um sentimento de revanche em relação à Alemanha que já existia desde a Guerra Franco-Prussiana (1870-1871), quando os franceses perderam a região da Alsácia-Lorena, rica em minérios, para os alemães.

O sentimento nacionalista também fomentou a formação de movimentos como o pan-eslavismo e o pangermanismo, que pretendiam unir povos de uma mesma etnia, mas que viviam em países diferentes, em uma nação.

O pan-eslavismo, liderado pela Rússia, era um movimento que pregava a união dos povos eslavos. Já o pangermanismo era liderado pela Alemanha e pregava a união dos povos de origem germânica em um único Estado.

O estopim da Primeira Guerra Mundial

No início do século XIX, vários países da península Balcânica eram dominados pelo Império Turco-Otomano. No final do século XIX, essa região foi palco de movimentos nacionalistas e de conflitos pela independência dos países, os quais eram estimulados pelas potências europeias, como o Império Austro-Húngaro, que tinham interesses econômicos na região.

Os nacionalistas sérvios, que também apoiavam os movimentos de independência nos Bálcãs, tinham interesses distintos: desejavam formar um Estado, a Grande Sérvia, que seria uma confederação de territórios sérvios e croatas, de acordo com o pan-eslavismo, movimento nacionalista liderado pela Rússia. Para defender seus interesses e manter o domínio sobre a região, os governantes austro-húngaros combatiam os nacionalistas sérvios.

> **Península Balcânica:** localizada na região sudeste da Europa, é formada por países como os atuais Bósnia-Herzegovina, Grécia, Macedônia, Sérvia, Montenegro, Romênia, Croácia e Bulgária.

No dia 28 de junho de 1914, durante visita oficial à cidade de Sarajevo, na Bósnia, o arquiduque austríaco Francisco Ferdinando, sucessor do trono do Império Austro-Húngaro, e sua esposa, Sofia Chotek, foram mortos por Gavrilo Princip, um estudante e nacionalista sérvio que disparou contra eles. Diante desse fato, no dia 28 de julho de 1914 o Império Austro-Húngaro declarou guerra contra a Sérvia.

Foto de 1914 que mostra o momento da prisão de Gavrilo Princip, que assassinou o arquiduque austríaco Francisco Ferdinando e também a esposa dele.

A guerra declarada

A declaração de guerra mobilizou países aliados de ambos os lados. A Rússia, aliada da Sérvia, movimentou suas tropas. A Alemanha, aliada do Império Austro-Húngaro, interveio, exigindo que a Rússia desmobilizasse suas tropas. Como não houve resposta, a Alemanha declarou guerra à Rússia.

Até novembro de 1914, a situação era a seguinte: a Rússia, a França e a Grã-Bretanha estavam unidas no bloco chamado **Potências da Entente** ou Aliados. O Império Austro-Húngaro, a Alemanha e a Itália pertenciam ao bloco que ficou conhecido como **Potências Centrais**. A guerra entre esses países durou quatro anos e, no decorrer desse tempo, outros países se envolveram no conflito.

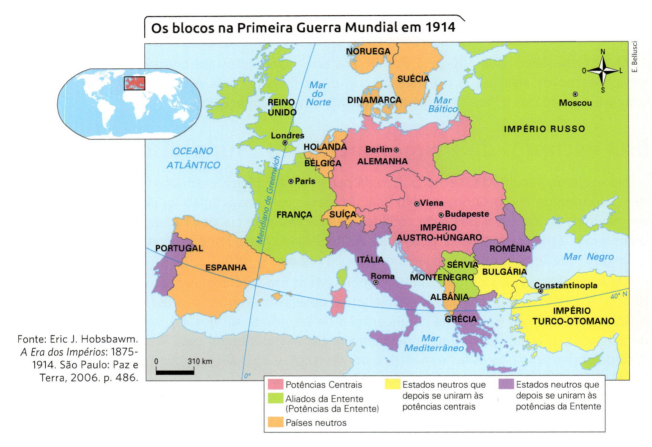

Fonte: Eric J. Hobsbawm. *A Era dos Impérios*: 1875-1914. São Paulo: Paz e Terra, 2006. p. 486.

As fases da guerra

As agressões tiveram início ainda em agosto de 1914, com a invasão alemã em Luxemburgo e na Bélgica, marcando a primeira fase da guerra, que durou até novembro de 1914. Nessa fase, conhecida como **Guerra de Movimento**, houve enorme deslocamento de tropas, principalmente alemãs e francesas.

A segunda fase, conhecida como **Guerra de Posição** ou **Guerra de Trincheiras**, começou em 1915 e durou até o final do conflito, em 1918. Essa fase se iniciou com a instalação de trincheiras para proteger os soldados nas batalhas e abrigá-los do frio durante o inverno. Passada essa estação, a Guerra de Movimento seria retomada, o que, no entanto, não ocorreu. As trincheiras permaneceram, estabelecendo as condições de combate até o final da guerra.

Por dentro das trincheiras

Além da permanência das trincheiras, o aumento do poder de fogo foi outro aspecto que gerou impasse e estabilização de forças de ambos os lados. Fuzis de repetição e metralhadoras, por exemplo, matavam com rapidez e eficiência, forçando os exércitos a permanecer nas trincheiras para se protegerem. Formaram-se linhas de trincheiras nas diversas frentes de batalha.

As condições de vida nesses lugares eram extremamente precárias. Além do risco constante de morte em batalha, os soldados estavam sujeitos à falta de higiene e à má alimentação, o que provocava doenças que se espalhavam facilmente entre as tropas.

Observe, na ilustração, as principais características de uma trincheira.

Esta ilustração é uma representação artística contemporânea produzida com base em estudos históricos. Fontes de pesquisa: John Keegan. *História ilustrada da Primeira Guerra Mundial*. São Paulo: Ediouro, 2005. H. P. Willmott. *World War I*. London: Dorling Kindersley, 2007.

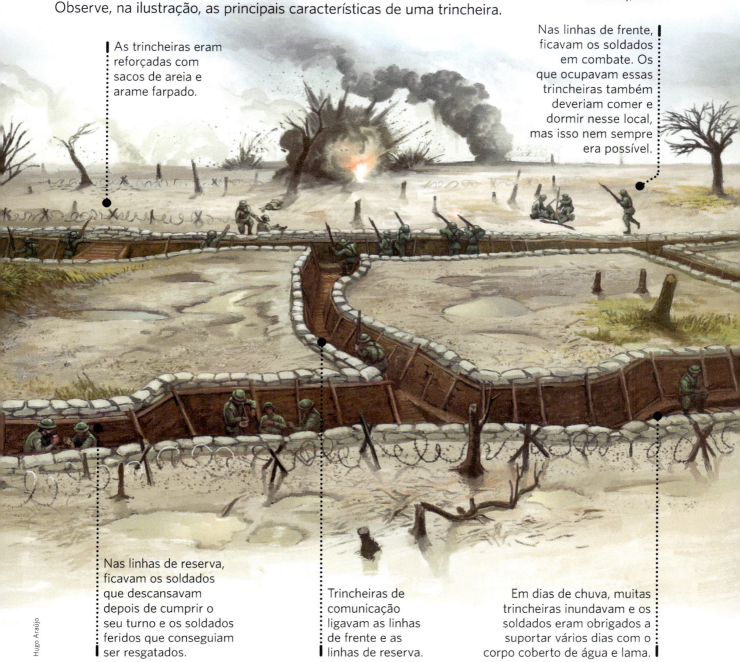

As trincheiras eram reforçadas com sacos de areia e arame farpado.

Nas linhas de frente, ficavam os soldados em combate. Os que ocupavam essas trincheiras também deveriam comer e dormir nesse local, mas isso nem sempre era possível.

Nas linhas de reserva, ficavam os soldados que descansavam depois de cumprir o seu turno e os soldados feridos que conseguiam ser resgatados.

Trincheiras de comunicação ligavam as linhas de frente e as linhas de reserva.

Em dias de chuva, muitas trincheiras inundavam e os soldados eram obrigados a suportar vários dias com o corpo coberto de água e lama.

A "guerra total"

Os conflitos da Primeira Guerra Mundial mobilizaram não somente as forças militares, mas também toda a sociedade civil.

De acordo com muitos historiadores e especialistas, foram conflitos que inauguraram o conceito de "guerra total", que consiste na mobilização completa das forças militares e civis dos países envolvidos, direcionando todos os recursos humanos e materiais possíveis para esses eventos. Voluntários ajudavam militares e civis atingidos pela guerra fornecendo abrigo, cuidados médicos e produtos essenciais, como alimentos, que eram escassos por vários motivos, como a destruição de lavouras inteiras por bombardeios. O texto a seguir apresenta uma definição do conceito de "guerra total".

A I Guerra Mundial foi uma guerra total — abarcou a nação inteira e não teve limites. Os Estados exigiram a vitória total e o compromisso total de seus cidadãos. Regulamentaram a produção industrial, desenvolveram técnicas de propaganda sofisticadas para fortalecer o moral e exerceram um controle cada vez maior sobre as vidas de seu povo, organizando-o, disciplinando-o como soldados. [...]

Marvin Perry. *Civilização ocidental*: uma história concisa.
São Paulo: Martins Fontes, 2002. p. 540.

Muitas mulheres foram engajadas durante a guerra exercendo atividades que antes eram consideradas exclusivamente masculinas. Na foto, vemos mulheres trabalhando em uma fábrica de armamentos na França, em 1914.

Desse modo, a destruição de recursos humanos e materiais também passou a fazer parte das estratégias de guerra, dando início a uma série de atrocidades, que continuaram em prática em diferentes conflitos ao longo do século XX.

Durante o conflito, lavouras inteiras eram bombardeadas e navios mercantes sofriam ataques, o que contribuía para a escassez de alimentos. Até mesmo navios de passageiros passaram a ser atacados, como foi o caso do navio britânico *Lusitânia*, representado ao lado, que em 1915 foi torpedeado por um submarino alemão e naufragou, causando a morte de cerca de 1200 pessoas. Gravura de Norman Wilkinson publicada no jornal *The Illustrated London News*, em 1915.

Os relatos da guerra

Durante a Primeira Guerra Mundial, um dos principais meios de comunicação utilizado foram as cartas. Trocadas entre soldados e familiares ou amigos, elas tratavam dos mais diversos assuntos, como os horrores da guerra, as preocupações e a saudade da família e de amigos.

As cartas fornecem informações importantes sobre as duras condições de vida nas frentes de batalha e sobre os horrores da guerra. Muito do que sabemos atualmente sobre esse conflito é resultado da análise dessas importantes fontes históricas.

Leia a seguir um trecho de uma dessas cartas, escrita pelo soldado canadense Fred Adams a sua tia, em maio de 1915.

Receber uma carta de familiares ou de amigos era um dos raros momentos felizes para os soldados na frente de batalha. A foto acima retrata um soldado italiano lendo uma carta ao lado dos colegas, em 1917.

> Querida tia:
>
> Este é o primeiro dia que nos permitiram escrever cartas desde que esta batalha começou, e não tenho dúvida de que você está ansiosa por saber de mim. Bem, nós perdemos uma quantidade enorme de companheiros, e para nós que ficamos parece um milagre que cada um esteja vivo.
>
> Como não me acertaram eu não sei, mas fui um dos que tiveram sorte de passar sem um arranhão, embora eu tenha vários buracos de bala nas minhas roupas.
>
> [...]
>
> Foi um pesadelo, um inferno, a retirada arrastando pelo chão, com os canhões alemães abrindo grandes buracos e os estilhaços chovendo sobre nós, as balas batendo em todo lugar. Pudemos ver os rapazes caindo em toda a parte, e foi horrível ouvi-los gritar.
>
> Graças a Deus a artilharia e os reforços ingleses chegaram a tempo e expulsaram os alemães.
>
> [...] Bem, todos os rapazes fizeram o melhor que podiam e eu estou pronto para fazer de novo, apenas espero que a guerra termine logo, por causa dos pais, esposas e namoradas de todos os soldados.
>
> Agradeço a Deus por ser poupado e rezo sempre para que Ele acabe logo com a guerra.
>
> Com amor.
> Fred.
>
> Fred Adams. Cartas da Primeira Guerra Mundial (tradução nossa). *CBC*. Disponível em: <http://www.cbc.ca/news2/pdf/WWI-letters.pdf>. Acesso em: 16 ago. 2018.

Enfermeira escreve uma carta ditada por um soldado ferido, em 1918.

> Que tipo de informações podemos obter por meio da leitura dessa carta?

O uso da tecnologia e a indústria da guerra

Durante a Primeira Guerra Mundial, houve grande desenvolvimento tecnológico e industrial nos Estados Unidos e na Europa. Alguns países envolvidos no conflito, como a Inglaterra e a Alemanha, destinaram muitos recursos para o desenvolvimento de novas armas e de novas tecnologias.

Conheça um pouco mais sobre as tecnologias desenvolvidas nesse período.

Armas químicas

Diferentes tipos de gases venenosos foram utilizados na guerra, tanto letais como não letais. Os alemães foram os primeiros a introduzir o gás venenoso, em 1915. As armas químicas foram responsáveis pela morte de aproximadamente 90 mil soldados durante o conflito.

Os horrores causados por essas armas levaram à proibição delas após o fim da guerra até os dias de hoje.

Com o desenvolvimento da máscara de gás, muitos soldados puderam proteger-se dos gases venenosos. Foto de soldados utilizando máscaras de gás, em 1918.

Tanques de guerra

O tanque de guerra foi desenvolvido pelos ingleses para auxiliar o avanço das tropas nas batalhas de trincheiras e foi utilizado pela primeira vez em 1916. No início, como ainda estavam em fase de desenvolvimento, eles não foram muito importantes nas batalhas. Com o desenrolar da guerra, no entanto, eles foram aprimorados e passaram a ser mais efetivos, sendo largamente utilizados em 1918, último ano do conflito.

Tanque de guerra alemão durante combate na França, em foto de 1918.

Aviões

Durante a Primeira Guerra, a aviação passou por uma fase de grande desenvolvimento. Nos primeiros anos do conflito, os aviões eram usados por alguns países apenas em missões de reconhecimento de territórios e na observação dos movimentos das tropas inimigas. Posteriormente, eles passaram a ser equipados com metralhadoras.

No final do conflito, os aviões eram capazes de carregar até duas toneladas de bombas e voar a aproximadamente 230 quilômetros por hora, praticamente o dobro da velocidade atingida pelos aviões utilizados no início da guerra.

Na foto, combate aéreo entre aviões ingleses e alemães, no início de 1918.

Submarinos

Uma das armas tecnológicas de maior relevância na Primeira Guerra Mundial foi o submarino. Os alemães passaram a usá-lo para afundar navios que levavam suprimentos para a Grã-Bretanha. Os ingleses adotaram a mesma estratégia de maneira muito eficaz contra a Alemanha, causando sérios prejuízos à economia e, consequentemente, à população alemã.

Foto de submarino utilizado pelo exército austro-húngaro por volta de 1915.

Tecnologia e inovação: heranças da indústria de guerra

A tecnologia desenvolvida durante a Primeira Guerra foi utilizada de diferentes maneiras após o término do conflito.

O controle do tráfego aéreo e o sistema de comunicação por meio de rádio, por exemplo, ambos criados durante a guerra, são utilizados na aviação civil até os dias atuais.

Outro exemplo é o aço inoxidável, que foi desenvolvido durante a guerra em uma tentativa fracassada dos ingleses de criar uma liga metálica resistente ao calor.

Atualmente, o aço inoxidável, que não enferruja, é utilizado em instrumentos médicos, como bisturis, e em objetos domésticos, como panelas e talheres, entre outros usos.

Homem trabalhando na torre de controle de voo do Aeroporto Internacional de Miami, Estados Unidos. Foto de 2017.

55

Os Estados Unidos entram na guerra

Em janeiro de 1917, a Alemanha iniciou um plano de ataque a navios na costa britânica para impedir a chegada de suprimentos bélicos e o abastecimento de bens de consumo à Grã-Bretanha, em uma tentativa de forçar os ingleses à rendição.

Tropas estadunidenses desembarcando na França, em foto de 1918.

Como os Estados Unidos forneciam grande parte dos produtos para a Inglaterra, essa decisão alemã ameaçava também os interesses estadunidenses. Em 3 de abril de 1917, um navio mercante estadunidense foi atacado por um submarino alemão, o que levou os Estados Unidos a declarar guerra à Alemanha três dias depois.

Dotados de grande força militar, os Estados Unidos, ao entrar na guerra, reforçaram os países das Potências da Entente, que estavam havia três anos no conflito e já haviam acumulado muitas perdas humanas e materiais.

A participação do Brasil

No mesmo dia em que os Estados Unidos sofreram o ataque da Alemanha, um navio mercante brasileiro foi alvo de submarinos alemães na costa britânica. Isso fez com que o presidente brasileiro Wenceslau Brás cortasse as relações diplomáticas com a Alemanha e demonstrasse solidariedade aos estadunidenses.

Meses depois, outras embarcações brasileiras foram atacadas pelos alemães. A opinião pública e os jornais da época demonstraram grande indignação e, assim, em 26 de outubro de 1917, o Brasil declarou guerra contra as Potências Centrais.

Grupo de pilotos brasileiros na Inglaterra, em foto de 1918.

A participação do Brasil na Primeira Guerra ocorreu até o final do conflito, em novembro de 1918, e limitou-se à abertura dos portos aos países aliados, à cessão de forças navais e à disponibilização de aviadores e soldados para lutarem junto aos britânicos e aos franceses.

O governo brasileiro também mobilizou civis, como médicos, que atuaram no hospital franco-brasileiro, na cidade de Paris, para atender os feridos de guerra.

A Rússia se retira da guerra

Os altos gastos com a guerra, a fome e o grande número de mortos causaram grande insatisfação na população russa, que já se mostrava descontente com o autoritarismo do governo, além de outras questões, o que levou o país a uma revolução em fevereiro de 1917 (assunto que será estudado no capítulo **4**).

Em março de 1918, os russos assinaram um tratado de não agressão com as Potências Centrais, o **Tratado de Brest-Litovsk**, e se retiraram da guerra.

O fim da guerra

Após uma série de ofensivas dos Aliados, que contavam com o reforço bélico dos Estados Unidos, os alemães não tinham mais condições de se defender. Temendo a invasão de seu território, foram obrigados a assinar um armistício, encerrando o conflito em 11 de novembro de 1918.

> **Armistício:** trégua, suspensão das agressões em uma guerra.

O saldo do conflito

No final da guerra, contabilizou-se uma quantidade de mortos e feridos nunca antes vista. Entre todos os países que lutaram no conflito, somaram-se cerca de 9 milhões de soldados mortos e 21 milhões de soldados gravemente feridos. Entre as vítimas civis, foram 7 milhões de pessoas que morreram durante os conflitos ou por causa das consequências da guerra, como a fome.

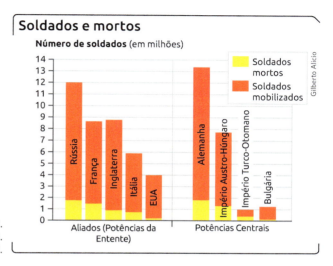

Fonte: Adam Hart-Davis (Ed.). *History*: the definitive visual guide. London: Dorling Kindersley, 2007. p. 375.

Os tratados de paz

Nos anos seguintes ao término da Primeira Guerra Mundial, os países participantes do conflito assinaram vários tratados de paz, sendo o **Tratado de Versalhes** (1919) o mais importante.

Ele foi assinado na cidade de Versalhes, na França, por representantes dos países Aliados e também da Alemanha, considerada pelo tratado a principal responsável pela guerra. Além de ter de admitir a culpa pela deflagração da guerra, os alemães foram obrigados a pagar uma alta indenização aos países vencedores e a restringir drasticamente sua força militar, reduzida a 100 mil soldados e seis navios de guerra. A Alemanha perdeu diversos territórios na Europa e também suas colônias na África e na Ásia.

Por causa das imposições aos alemães e dos benefícios aos países vitoriosos, o Tratado de Versalhes ficou também conhecido como Paz dos Vencedores. Para a população alemã, que se encontrava em situação de extrema pobreza, as cláusulas do Tratado de Versalhes foram consideradas humilhantes.

Alemães reviram o lixo em busca de alimentos. Foto tirada em Berlim, Alemanha, em 1918.

A solidariedade em tempos de guerra

Os voluntários

A Primeira Guerra Mundial teve intensa mobilização da população civil dos países envolvidos no conflito. Além de contribuir no esforço de guerra e na produção de armamentos, por exemplo, muitas pessoas procuravam amenizar as dificuldades enfrentadas pela população no dia a dia.

A situação de guerra fez com que muitos países direcionassem investimentos para os setores militares, o que acabou provocando o racionamento de diversos produtos alimentícios utilizados diariamente pela população. Além disso, as destruições causadas pelos bombardeios deixaram muitas pessoas sem moradia.

Nesse contexto, moradores de cidades atingidas pela guerra, tanto adultos como crianças, atuaram de forma solidária para ajudar pessoas que sofriam com essas condições.

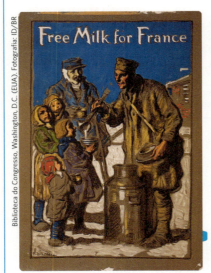

Uma menina alemã chamada Piete Kuhr, por exemplo, deixou relatos escritos sobre essa época na cidadezinha chamada Schneidemühl, na Alemanha, onde morava com sua avó. Ela contou em seus relatos que centenas de refugiados chegavam todos os dias à cidade onde vivia. Para ajudá-los, os moradores distribuíam diariamente sopa e centenas de quilos de pão para alimentá-los. Além disso, doavam roupas e tricotavam gorros e meias para aquecer as crianças. Cenas como essas se repetiam em todas as regiões afetadas pela guerra.

Fonte de pesquisa: Melanie Challenger; Zlata Filipovic (Org.). *Vozes roubadas*: diários de guerra. Tradução de Augusto Pacheco Calil. São Paulo: Companhia das Letras, 2008. p. 46-47.

Cartaz de 1918 incentivando a população dos Estados Unidos a fazer doações para alimentar crianças francesas. Litogravura de F. Luis Mora. Acervo da Biblioteca do Congresso, Washington, D.C., Estados Unidos.

Os cuidados com os feridos

Os horrores da guerra atingiram milhares de pessoas, e os hospitais disponíveis não eram suficientes para abrigar todos os feridos. Dessa maneira, muitos espaços, como teatros e casas particulares, foram transformados em centros de atendimento à população e aos soldados feridos.

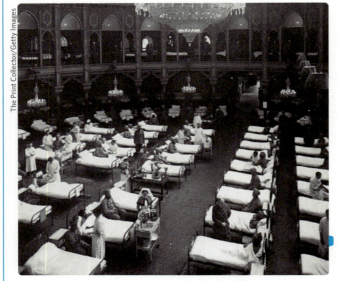

Pavilhão Real em Brighton, na Inglaterra, transformado em hospital durante a Primeira Guerra Mundial. Foto de cerca de 1915.

58

O papel de uma organização humanitária

O **Comitê Internacional da Cruz Vermelha** foi fundado em 1863, na Suíça, e é uma organização considerada neutra, que prestava assistência aos soldados e à população, independentemente de qualquer governo ou de outra autoridade. Como órgão reconhecido internacionalmente, a Cruz Vermelha tem como objetivos assegurar a proteção e a assistência às vítimas de conflitos armados e promover o princípio humanitário em situações de tragédia, valorizando a vida e a cooperação internacional.

Durante a Primeira Guerra Mundial, essa instituição intensificou suas ações e teve um papel importante. Ela formou uma central de atendimento que auxiliava no restabelecimento do contato entre soldados e suas famílias e também realizou missões de assistência médica em campos de batalha e centros urbanos. Os voluntários eram recrutados para diversas tarefas, como organizar pacotes com equipamentos médicos, dirigir ambulâncias, prestar visitas aos feridos de guerra e transmitir mensagens de civis às pessoas que estavam nas frentes de batalha.

Cartaz do Comitê Internacional da Cruz Vermelha produzido por C. W. Anderson, entre 1914-1918, convocando ajuda com uma frase que em português significa: "Participe agora. A Cruz Vermelha serve à humanidade". Acervo da Biblioteca do Congresso, Washington, D.C., Estados Unidos.

A instituição existe até os dias de hoje, com milhares de funcionários que atuam globalmente, até mesmo no Brasil. Suas funções se ampliaram muito desde a época de sua fundação. Atualmente, a Cruz Vermelha presta assistência em casos de violência sexual, além de dar suporte e fornecer água e alimentos em casos de tragédias naturais. As operações mais importantes dessa organização na atualidade são promovidas em países como o Afeganistão, a Síria, o Iraque, a Somália e o Sudão do Sul.

Foto de 1918 que mostra membros da Cruz Vermelha servindo refeição a refugiados da guerra, em Paris, França, durante a Primeira Guerra Mundial.

1. Como os moradores de regiões afetadas pela guerra auxiliavam as pessoas desabrigadas e os refugiados?
2. Qual foi a importância das ações solidárias e humanitárias do Comitê Internacional da Cruz Vermelha na Primeira Guerra Mundial?
3. Você conhece alguma pessoa ou instituição que faça trabalhos voluntários em sua cidade? Que atividades são realizadas? Converse com os colegas.
4. Em sua opinião, qual é a importância do trabalho voluntário na atualidade? Explique aos colegas.

Atividades

▶ Organizando o conhecimento

1. Copie o esquema a seguir em seu caderno e complete cada um dos quadros com uma explicação sobre os principais processos referentes à Primeira Guerra Mundial.

▶ Conectando ideias

2. No ano de 2014, o início da Primeira Guerra Mundial completou 100 anos. Analise a manchete e a imagem sobre esse assunto e, depois, responda às questões.

> **Exposição relembra "heróis esquecidos" da Primeira Guerra Mundial**
>
> *Gazeta Russa*, 5 maio 2014. Disponível em: <http://gazetarussa.com.br/arte/2014/05/05/exposicao_relembra_herois_esquecidos_da_primeira_guerra_mundial_25437>. Acesso em: 10 jul. 2018.

Exposição de trincheiras feitas durante a Primeira Guerra em Ypres, na Bélgica. Foto de 2014.

a) De acordo com as duas fontes de informação acima, de que maneira a Primeira Guerra Mundial está sendo relembrada?

b) Por que a manchete utilizou a expressão "heróis esquecidos"? O que essa expressão quer dizer? Explique.

c) Você acredita que conhecer uma exposição com as trincheiras das batalhas é uma forma de rememorar o conflito? Por quê?

3. Leia o texto a seguir, que aborda a trégua de 1914 ocorrida durante os combates da Primeira Guerra Mundial. Depois, responda às questões.

No natal de 1914, a Primeira Guerra foi interrompida e ambos os lados celebraram juntos

[...] Na noite do dia 24, em Fleurbaix, na França, uma visão deixou os britânicos intrigados: iluminadas por velas, pequenas árvores de Natal enfeitavam as trincheiras inimigas. A surpresa aumentou quando um tenente alemão gritou em inglês perfeito: "Senhores, minha vida está em suas mãos. Estou caminhando na direção de vocês. Algum oficial poderia me encontrar no meio do caminho?". Silêncio. Seria uma armadilha? Ele prosseguiu: "Estou sozinho e desarmado. Trinta de seus homens estão mortos perto das nossas trincheiras. Gostaria de providenciar o enterro". Dezenas de armas estavam apontadas para ele. Mas, antes que disparassem, um sargento inglês, contrariando ordens, foi ao seu encontro. [...]

No dia seguinte, 25 de dezembro, ao longo de toda a frente ocidental, soldados armados apenas com pás escalaram suas trincheiras e encontraram os inimigos no meio da terra de ninguém. Era hora de enterrar os companheiros, mostrar respeito por eles — ainda que a morte ali fosse um acontecimento banal. [...]

Os soldados britânicos e alemães descobriam ter mais em comum entre si que com seus superiores — instalados confortavelmente bem longe da frente de batalha. O medo da morte e a saudade de casa eram compartilhados por todos.
[...]

Bruno Leuzinger. No Natal de 1914, a Primeira Guerra foi interrompida e ambos os lados celebraram juntos. *Aventuras na História*, São Paulo, 22 dez. 2017. Disponível em: <https://aventurasnahistoria.uol.com.br/noticias/reportagem/noite-feliz-terra-de-ninguem.phtml>. Acesso em: 10 jul. 2018.

Reprodução do periódico inglês *The Daily Mirror*, que traz uma foto de soldados ingleses e alemães durante a trégua de Natal, no ano de 1914.

a) De acordo com o texto, os soldados inimigos se encontraram na "terra de ninguém" para realizar um ato de demonstração de respeito. Que ato foi esse?

b) Explique a seguinte afirmação: "Os soldados britânicos e alemães descobriam ter mais em comum entre si que com seus superiores — instalados confortavelmente bem longe da frente de batalha".

CAPÍTULO 4

A Revolução Russa

Em fevereiro de 1917, uma revolução abalou a Rússia e instaurou um governo **socialista** no país (veja o boxe abaixo). Para entendermos melhor esse acontecimento, vamos voltar alguns anos na história da Rússia.

A Rússia no início do século XX

Czar Nicolau II e a família imperial em Moscou, Rússia. Foto de 1914.

No início do século XX, a Rússia tinha o czarismo como sistema político e era comandada por Nicolau II, um **czar**, título equivalente ao de imperador. O czar governava de maneira autoritária e exercia poderes absolutos.

Apesar das tentativas de ampliar a industrialização no país, a economia era essencialmente agrária, pois cerca de 80% da população era rural. Em busca de melhores condições de vida, muitos camponeses pobres deixavam o campo e iam para as cidades para trabalhar nas fábricas, formando, assim, um novo grupo social: os operários.

A desigualdade social era muito grande. De um lado, havia uma minoria formada pela aristocracia rural, pelo clero e pela crescente burguesia; do outro lado, havia a maioria da população, composta de camponeses e operários, que viviam em condições de miséria.

Como fator agravante, os gastos do governo russo em conflitos, como a guerra contra o Japão (1904-1905) e a Primeira Guerra Mundial (1914-1918), contribuíram para piorar ainda mais a crise econômica, provocando a fome no país. As pessoas que mais sofreram com essa situação foram os camponeses e os operários.

Burguesia: classe social proprietária dos meios de produção, como fábricas, armazéns e matérias-primas.

Proletariado: classe social formada por trabalhadores pobres, principalmente operários, que dependem da venda de sua força de trabalho para a burguesia como forma de obter meios para seu sustento.

O socialismo

As teorias socialistas foram desenvolvidas no século XIX como resposta à exploração do proletariado pela burguesia.

Essas duas classes sociais se consolidaram após o estabelecimento do capitalismo como sistema econômico. O *Manifesto do Partido Comunista*, publicado em 1848 pelos alemães Karl Marx (1818-1883) e Friedrich Engels (1820-1895), buscava superar o problema da desigualdade com a abolição da propriedade privada e da sociedade de classes, defendendo para isso a união e a luta dos operários contra a burguesia. Isso só poderia ser conquistado com uma revolução promovida pelos proletários, a qual reestruturaria a sociedade e o modo de produção, distribuindo os recursos igualmente. A revolução proletária tinha como um dos objetivos a criação de uma sociedade mais justa e igualitária, que seria obtida após a eliminação das classes sociais e da propriedade privada.

Bolcheviques e mencheviques

A luta por melhorias nas condições de vida e de trabalho gerou uma série de manifestações na Rússia. Elas tiveram início com o proletariado russo, que na época era bem organizado, e logo as massas camponesas se juntaram a esse grupo. As ideias que mais influenciaram essas lutas, principalmente entre os operários, eram inspiradas pelas teorias de Marx e Engels (como vimos no boxe da página **62**).

Assim, por causa da insatisfação em relação ao regime monárquico de Nicolau II, grupos políticos de oposição, mesmo clandestinos, começaram a se formar na Rússia. Entre esses grupos estava o Partido Operário Social-Democrata Russo (POSDR), inspirado em ideias marxistas.

Em 1903, por causa das divergências de ideias, o partido se dividiu em duas facções:

- **Bolcheviques** (maioria): liderados por Vladimir Lenin, defendiam a tomada de poder pelos operários e camponeses, além do fim da propriedade privada. Tratava-se de uma ala mais radical.
- **Mencheviques** (minoria): eram adeptos da revolução gradual, por meio de reformas. Tinham como liderança Yuli Martov.

A insatisfação popular era crescente e podia ser percebida por meio das diversas mobilizações de operários e camponeses ocorridas em várias cidades da Rússia.

A Revolução de 1905

Em 9 de janeiro de 1905, em um domingo de inverno, cerca de 200 mil pessoas, entre mulheres, homens e crianças, reuniram-se em uma manifestação pacífica para reivindicar melhores condições de vida e de trabalho, entre outros direitos. Como resposta, o czar ordenou que o exército atirasse nos manifestantes. Os fuzileiros russos mataram cerca de mil pessoas, em um massacre que ficou conhecido como **Domingo Sangrento**.

O massacre revoltou a população, intensificando os protestos e as manifestações contra o czar e a forma de governo vigente. Nesse contexto, operários, camponeses e soldados criaram os **sovietes**, conselhos que buscavam melhor organização na luta dos trabalhadores, além de melhor representatividade política.

> **O calendário russo**
>
> Até fevereiro de 1918, a Rússia seguia o calendário juliano, que apresentava uma defasagem de 13 dias em relação ao calendário gregoriano, utilizado no Ocidente. Logo, as datas a seguir correspondem ao calendário juliano.

Manifestantes realizam passeata pelas ruas de Moscou, Rússia, pouco antes de serem atacados pelos fuzileiros, em foto de 9 de janeiro de 1905.

A Revolução Socialista na Rússia

Após o Domingo Sangrento, o governo enfrentou muitas revoltas populares. Greves em diversos setores e até motins nas Forças Armadas fizeram com que o czar anunciasse uma série de reformas como forma de tentar continuar no poder. Entre essas reformas estavam a legalização dos sindicatos e a criação da **Duma**, um parlamento de deputados eleitos que auxiliavam nas decisões políticas do governo, mas com poderes limitados.

Porém, a repressão e os abusos do governo não diminuíram, e os protestos populares continuaram em todo o país. A partir de 1914, a Rússia envolveu-se na Primeira Guerra Mundial. Inicialmente, o conflito teve o apoio popular, mas, em razão de seu prolongamento e das derrotas sofridas pelo exército, a população passou a sofrer bastante por causa dele.

A queda do czar

A situação de miséria e o desespero da população nas cidades só aumentavam. O início de 1917 foi marcado por motins, greves e saques a armazéns e padarias. Um dos lemas dos bolcheviques era: "Todo o poder aos sovietes". Naquele momento, os sovietes haviam consolidado a sua representatividade entre os trabalhadores, demonstrando que tinham condições de assumir o poder na Rússia.

Na foto, homens e mulheres em passeata durante as greves que paralisaram Moscou, na Rússia, em fevereiro de 1917.

Em fevereiro de 1917, entre os dias 23 e 27, diversas manifestações marcaram o início da revolução que acabou com o regime czarista na Rússia. Essas manifestações tiveram início com uma passeata de mulheres que protestavam contra as más condições de vida. Nos dias seguintes, uma multidão aderiu ao movimento, que parou fábricas e sistemas de transportes e de comunicação. Ao receberem ordens para reprimir a insurreição, os soldados se recusaram a atirar na população, juntando-se ao movimento. No dia 2 de março, sem apoio político e militar, o czar foi obrigado a abdicar.

O Governo Provisório

Após a queda do czar, os mencheviques instalaram na Rússia o Governo Provisório, chefiado primeiramente por um nobre de orientação liberal, o príncipe George Lvov, e depois por Alexander Kerensky, um socialista moderado.

Durante esse período, ocorreram algumas reformas importantes, como a regulamentação da jornada de oito horas de trabalho para os operários e a liberdade de organização política. No entanto, os governantes não conseguiam resolver os problemas mais sérios do povo. O agravamento da crise no país contribuiu para aumentar a oposição entre bolcheviques e mencheviques. Os bolcheviques exigiam paz, terra e pão para todo o povo, defendiam transformações sociais radicais e, assim, ganhavam cada vez mais prestígio e apoio popular.

Lenin no poder

Em outubro de 1917, Lenin e seus companheiros bolcheviques tomaram o poder com o objetivo de instaurar um Estado socialista. Em 25 de outubro, eles ocuparam os principais pontos da cidade e anunciaram a deposição do governo menchevique. No dia seguinte, tomaram o palácio de Inverno, sede do Governo Provisório e símbolo do poder na Rússia.

Os bolcheviques formaram um novo governo, com Lenin como presidente do Soviete dos Comissários do Povo. As primeiras medidas tomadas pelos bolcheviques foram:

- o confisco dos bens da Igreja e da nobreza;
- a estatização das indústrias e dos bancos, ou seja, essas instituições passaram a ser controladas pelo Estado;
- a abolição da propriedade privada da terra sem indenização, concedendo aos camponeses o direito exclusivo de exploração das terras;
- a transferência do controle das fábricas aos operários;
- a retirada da Rússia da Primeira Guerra Mundial após a assinatura do Tratado de Brest-Litovsk, em 1918;
- a instituição do Partido Comunista, antigo Partido Bolchevique, como único partido do país;
- a criação do Exército Vermelho, formado por camponeses e operários para defender os ideais do comunismo.

Tais medidas provocaram a reação dos mencheviques e dos aristocratas, os quais apoiavam o retorno do czar ao poder. Esse grupo de oposição, chamado de "brancos", com a ajuda de países como Estados Unidos e França, organizou um exército para combater o novo governo comunista, chamado de "vermelhos".

Na foto, Lenin discursa para a multidão em Moscou, Rússia, após a vitória da revolução bolchevique de 1917.

O comunismo

O comunismo é um sistema econômico e político idealizado por Marx e Engels que seria implantado após o sucesso do socialismo. No comunismo, cada trabalhador passaria a ser dono de seu próprio trabalho e dos bens de produção, o que tinha a intenção de tornar a sociedade mais justa e igualitária.

O símbolo do movimento comunista é formado por uma foice (instrumento de trabalho dos camponeses) e um martelo (ferramenta utilizada pelos operários), representando a união dos trabalhadores.

Assim, entre os anos de 1918 e 1920, a Rússia viveu uma violenta guerra civil, que acabou com a vitória bolchevique. Fábricas, ferrovias e campos agrícolas ficaram devastados. Em 1921, grande parte do país enfrentava a fome, e o descontentamento em relação ao governo crescia entre a população.

Para buscar resolver a situação econômica, Lenin adotou a **Nova Política Econômica (NEP)**, um conjunto de medidas flexíveis de cunho capitalista que permitiu a criação de empresas privadas, o comércio em pequena escala e empréstimos externos. Para Lenin, essa flexibilização política era apenas uma estratégia para contornar a crise e retomar o projeto de construção do comunismo na Rússia.

Em dezembro de 1922, a Rússia passou a se chamar **União das Repúblicas Socialistas Soviéticas** (**URSS**), uma federação que reunia diversas regiões do antigo Império Russo, além de territórios anexados ao longo da revolução.

O stalinismo

Em janeiro de 1924, após um longo período doente, Lenin morreu. A partir de então, acirrou-se uma disputa entre Leon Trotsky (1879-1940) e Joseph Stalin (1878-1953) para sucedê-lo.

Trotsky era um grande líder político e intelectual que havia comandado o Exército Vermelho durante a guerra civil. Stalin era um militante que passou a ocupar cargos cada vez mais importantes dentro do Partido Comunista Soviético, assumindo o cargo de secretário-geral em 1922.

Em razão, principalmente, de sua grande influência dentro do partido, Stalin, aos poucos, conseguiu superar seu rival e venceu a disputa pelo poder. Trotsky foi expulso do país em 1929, mas continuou fazendo oposição a Stalin até 1940, quando foi assassinado no México a mando de Stalin.

Após assumir o poder, Stalin governou a URSS como um ditador, procurando centralizar o poder em suas mãos e criar um forte sentimento nacionalista por meio da propaganda. Ele buscou associar sua imagem à de Lenin, como um sucessor natural de suas ideias, assim como se apresentar como um líder justo e benevolente.

Pôster de propaganda stalinista, de 1953, em que Stalin (o primeiro à direita) é representado ao lado de Karl Marx, Friedrich Engels e Lenin (da esquerda para a direita). Stalin buscava legitimar o seu poder colocando-se como um dos "quatro grandes" representantes do socialismo no mundo.

Além de perseguir e eliminar seus inimigos, Stalin procurava extinguir da memória popular a importância deles na Revolução Bolchevique. As imagens acima constituem um exemplo disso. Na foto da esquerda, feita durante um discurso de Lenin, em Moscou, Rússia, em 1920, Trotsky aparece na escada do palanque. Na foto da direita, que foi adulterada depois que Stalin chegou ao poder, Trotsky, que fazia oposição a ele, "desapareceu".

Os Planos Quinquenais

Em seu governo, Stalin aboliu a NEP e criou os Planos Quinquenais, que estabeleciam as metas para a produção agrícola e industrial soviética em um período de cinco anos.

O primeiro Plano Quinquenal foi implementado em 1929. Ele previa uma melhora na produtividade agrícola, bem como uma importação maciça de maquinário e matérias-primas estrangeiras a serem pagas com a exportação de excedentes agrícolas soviéticos. Além disso, a produção no campo passou a ser coletiva e organizada em cooperativas ou fazendas pertencentes ao Estado.

A industrialização também foi uma das prioridades do Estado e cresceu de maneira acelerada. Grandes hidrelétricas e siderúrgicas foram construídas para estimular a produção fabril. No final da década de 1930, a URSS tinha se tornado um país industrializado, alcançando grande desenvolvimento econômico.

O governo autoritário de Stalin

O governo de Stalin representou melhoria na qualidade de vida de apenas uma pequena parcela da população soviética, que passou a ter mais acesso à educação, à saúde, ao emprego e à moradia. Os maiores beneficiados foram oficiais das forças armadas, políticos do alto escalão do Estado e diretores de empresas estatais. A maioria da população da URSS, no entanto, não teve acesso a esses benefícios.

Esse governo foi marcado pelo caráter totalitário do seu regime político, que não admitia qualquer tipo de oposição. Ele era um ditador autoritário e, enquanto governou, diversas atrocidades foram cometidas contra seus opositores políticos. Milhões de pessoas foram aprisionadas e levadas para os *gulags*, campos de trabalho forçado localizados em regiões muito frias. Nos *gulags*, as condições de vida eram degradantes, com alimentação muito precária, ausência de higiene e trabalhos pesados. Os prisioneiros mais fracos, quando não morriam de fome, geralmente eram fuzilados.

Presos políticos realizam trabalhos forçados em um *gulag*, na União Soviética, em foto de 1932.

A influência do socialismo

Os movimentos a favor dos direitos dos trabalhadores, baseados nas ideias socialistas, ocorreram em diversas regiões do mundo. Veja a seguir como se desenvolveram esses movimentos no México e na China, no início do século XX.

A Revolução Mexicana

Na primeira década do século XX, o México era governado por Porfirio Díaz, presidente que governou de modo autoritário e, com o argumento de modernizar e urbanizar o país, promoveu diversas reformas que privilegiaram os grandes proprietários rurais e os demais membros das camadas mais ricas da população.

Nas cidades, operários e trabalhadores sofriam com condições precárias de vida e lutavam por seus direitos principalmente por meio de greves. Assim, a partir de 1910, diversos movimentos revolucionários urbanos e rurais se organizaram e passaram a atuar de forma persistente, fazendo com que o presidente renunciasse em 1911. Os principais líderes populares da Revolução Mexicana foram Emiliano Zapata e Francisco Pancho Villa, que lutavam pela reforma social e pela distribuição das terras aos camponeses.

Leia a seguir o trecho de um manifesto camponês de 1914, em que são apresentadas as principais reivindicações desse grupo da sociedade.

[...]

O camponês tinha fome, era miserável, sofria exploração; e se empunhou armas foi para obter o pão que a avidez do rico lhe negava para apossar-se da terra que o latifundiário, egoisticamente, guardava para si, para reivindicar sua dignidade, ultrajada, perversamente, todos os dias. Lançou-se à revolta não para conquistar ilusórios direitos políticos, que não matam a fome, mas para conseguir um pedaço de terra que lhe possa proporcionar alimentação e liberdade, um lar feliz, e um futuro de independência e engrandecimento.

[...]

Hector H. Bruit. Camponeses revolucionários. Em: Jaime Pinsky (Org.). *História da América através de textos*. 9. ed. São Paulo: Contexto, 2004. p. 99-100. (Coleção Textos e Documentos).

▶ Capa do jornal francês *Le Petit*, de 1913, com ilustração representando as mulheres revolucionárias mexicanas, conhecidas como Las Adelitas. Autor desconhecido. Acervo particular.

A Constituição Mexicana de 1917

Em 1917, foi aprovada no México uma nova Constituição, considerada um marco para a América Latina, pois foi a primeira da região a assegurar os direitos dos trabalhadores.

Entre as medidas aprovadas estavam: a regulamentação da jornada de trabalho de oito horas diárias; a extinção do trabalho servil não remunerado; a paridade salarial entre homens e mulheres; e a redefinição do uso social das terras em favor dos camponeses.

As ideias socialistas na China

Na China, as ideias socialistas influenciaram as lutas operárias e camponesas, assim como o pensamento de diversos intelectuais do início do século XX. Um dos principais líderes desse movimento foi o professor da Universidade de Pequim Chen Duxiu (1880-1942). Além de publicar uma revista chamada *Nova Juventude*, em que buscava inspirar nos jovens os ideais socialistas, ele foi um dos fundadores do Partido Comunista Chinês, em 1921.

O movimento comunista chinês promoveu mobilizações populares de conscientização e organização dos operários e dos camponeses.

A introdução dos ideais do socialismo na China, no início do século XX, foi fundamental para a formação dos pensadores e líderes do regime comunista, instaurado anos depois, durante a Revolução Chinesa de 1949, liderada por Mao Tsé-Tung (1893-1976).

Chen Duxiu, um dos precursores do pensamento comunista chinês. Foto de cerca de 1900.

Marx e Engels retratados em uma praça de Pequim, na China, em foto de 1973, cerca de 24 anos após o triunfo da Revolução Chinesa, que implantou o comunismo na China.

69

Atividades

Organizando o conhecimento

1. Antes da Revolução de 1917, qual era a situação econômica e social da Rússia?
2. Quais as relações entre a Revolução de 1905 e a Revolução de 1917?
3. Quais eram as principais divergências entre bolcheviques e mencheviques?
4. O que eram os sovietes?
5. Quais foram as principais características do Governo Provisório?
6. Explique o que foi a NEP.
7. Cite as principais características da ditadura stalinista.

Conectando ideias

8. Analise a imagem abaixo e responda às questões.

a) Identifique as personagens indicadas com as letras **A** e **B**. Comente o papel delas no contexto da Rússia em 1905. Explique como você chegou a essas conclusões.

b) Quem são as outras pessoas representadas na imagem?

c) Em sua opinião, qual era a intenção do periódico ao publicar uma capa com essa imagem? Converse com os colegas.

Capa de periódico italiano, publicado em 5 de fevereiro de 1905, que faz referência ao episódio do Domingo Sangrento. Charge de artista desconhecido. Acervo particular.

9. Analise o gráfico a seguir e responda às questões.

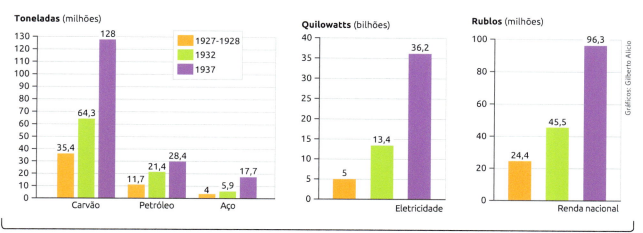

Fonte: Daniel Aarão Reis Filho. *As revoluções russas e o socialismo soviético*. São Paulo: Ed. da Unesp, 2003. p. 93.

a) No período abordado pelo gráfico, quem era o governante da União Soviética e como funcionava sua política econômica?

b) De acordo com o gráfico, quais os efeitos dos planos econômicos desenvolvidos por esse governante? Exemplifique sua resposta com base nas informações do gráfico.

c) Compare a renda nacional do final da década de 1920 com a do final da década de 1930. De quanto foi o aumento? Quais as consequências disso para a qualidade de vida da população soviética?

Verificando rota

Dividam a sala em dois grupos e, em cada um, elejam um responsável por organizar uma apresentação oral sobre um dos temas estudados na unidade: Primeira Guerra Mundial ou Revolução Russa. Organizem com seu grupo o que cada membro vai apresentar e exponham aquilo que vocês entenderam sobre o capítulo ao outro grupo. Depois, assistam à apresentação dos colegas.

Para finalizar, procurem responder aos seguintes questionamentos.

- Assistir à apresentação dos colegas e elaborar a sua apresentação foram importantes para a sua aprendizagem? Por quê?
- Os conceitos que você aprendeu na unidade são importantes para compreendermos a atualidade? Cite exemplos.
- Qual dos temas estudados mais chamou a sua atenção? Comente sobre ele.
- Você concorda com alguns historiadores e estudiosos que dizem que o século XX foi um dos mais violentos da história humana? Por quê?

Ampliando fronteiras

"Pinturas proletárias": a arte a serviço do Estado

Após a Revolução Russa, o regime bolchevique se empenhou em difundir e consolidar as ideias socialistas. Entre 1919 e 1921, a Agência Telegráfica Russa, responsável pela **propaganda política** estatal, incentivou diversos artistas a produzir obras informativas relacionadas ao contexto político soviético.

A chamada **arte funcional** tinha o objetivo de mobilizar e conscientizar os trabalhadores e a população mais pobre e analfabeta sobre as ideias socialistas, principalmente por meio de imagens de fácil compreensão.

Os cartazes, também chamados "pinturas proletárias", foram os principais exemplos de arte funcional soviética. Produzidos em grande quantidade e com materiais de baixo custo, os cartazes abordavam temas como trabalho, socialismo, serviço militar e nacionalismo.

Cartaz de 1926 destacando a importância das mulheres no regime socialista. Na inscrição, lê-se: "Mulheres, agora vocês estão livres! Ajudem-nos a construir o socialismo!".

Cartaz soviético produzido em 1919 para propagar os ideais revolucionários bolcheviques. Na inscrição, lê-se: "O sino de nossa revolução está continuamente tocando. Trabalhadores, agricultores, vamos em direção a novas batalhas e novas vitórias. Todos contra a cavalaria branca! O Exército Vermelho vai se expandir!".